户外装备终极指南

露营·登山·滑雪·潜水·马术·钓鱼·骑行

大鹏◎编著

化学工业出版社

·北京·

内 容 简 介

本书是关于户外运动装备的指导性图书，书中详细介绍了不同户外装备在不同应用场景下的作用及意义，并对露营、登山、滑雪、潜水、马术、钓鱼、骑行等不同户外运动所使用的热门装备进行了全面介绍，每种户外装备均对其溯源明理、选购要点、使用方法、代表产品等知识做了深入的讲解。本书实用性较强，在保证专业性的前提下，力求通俗易懂，不同层次的读者均可从中获益。

本书适合有兴趣参与户外运动的青少年与广大户外爱好者阅读，也可作为学校户外探索课程的教学用书。

图书在版编目（CIP）数据

户外装备终极指南：露营·登山·滑雪·潜水·马术·钓鱼·骑行 / 大鹏编著. — 北京：化学工业出版社，2023.3
ISBN 978-7-122-42694-9

Ⅰ. ①户… Ⅱ. ①大… Ⅲ. ①野外-装备-指南
Ⅳ. ①G895-62

中国版本图书馆CIP数据核字（2022）第258730号

责任编辑：徐　娟　　　　　　文字编辑：冯国庆　　　　　　装帧设计：中海盛嘉
责任校对：李　爽　　　　　　　　　　　　　　　　　　　封面设计：王晓宇

出版发行：化学工业出版社（北京市东城区青年湖南街13号　邮政编码100011）
印　　装：中煤（北京）印务有限公司
710mm×1000mm　1/16　印张11　字数200千字　2023年6月北京第1版第1次印刷

购书咨询：010-64518888　　　　　　　　　　　售后服务：010-64518899
网　　　址：http://www.cip.com.cn
凡购买本书，如有缺损质量问题，本社销售中心负责调换。

定　　价：78.00元　　　　　　　　　　　　　　　　版权所有　违者必究

前　言 PREFACE

　　户外运动泛指在自然环境中开展的体育运动，涉及范畴很广，包括体育、休闲游憩和教育等多种不同领域。早期户外运动起源于 18 世纪的欧洲，19 世纪初在美国盛行开来。

　　按照专业程度与活动强度可大致将户外运动分为专业户外运动、常规户外运动和休闲户外运动三类。专业户外运动要求人员在体能、心理素质、技术和装备上达到专业的水平；常规户外运动的参与者需具备一定的专业技能；休闲户外运动需要参与者有充足时间与参与意愿。

　　户外运动类型丰富，涵盖露营、登山、攀岩、攀冰、滑雪、钓鱼、骑行等多种形式。在不同户外运动场景下，需使用不同户外装备，如滑翔伞、房车、船舶、皮划艇、自行车等；各类求生工具，如指南针、手电筒、刀具、绳索等；各类露营装备，如便携火炉、帐篷、便携储能产品等。

　　欧洲、美国的户外运动发展处于领先地位，对于户外运动装备有着稳定的需求。尤其对于专业户外运动人员来说，他们对户外装备的选择更看中产品的专业程度、智能化程度、价格和设计感等因素。在进行户外活动时，必要的装备往往能在关键的时候发挥巨大的作用，由此可见户外装备对于户外安全以及户外运动体验的重要性。

本书致力于帮助读者加深对户外装备的认知并掌握其使用方法，从而更好地结合实践体验户外运动的无穷魅力。读者可以通过本书了解基本的户外运动类型、不同户外场景需要的装备以及如何选购这些装备等。

　　本书由大鹏编著，黄成、丁念阳等为本书提供了部分资料。在撰写过程中，多位"户外达人"对本书内容进行了严格的筛选和审校，使其更具专业性和权威性，在此一并表示感谢。

　　由于水平所限，加之资料来源的局限性，书中难免存在疏漏之处，敬请广大读者批评指正。

编著者

2023 年 1 月

目 录 CONTENTS

第 1 章
露营装备

　　露营是一种休闲活动，通常露营者携带帐篷，离开城市，在野外扎营，度过一个或者多个夜晚。这种活动原是军事或体育训练的特殊项目，用以锻炼成员的体魄和意志。随着经济的发展和社会的进步，人们对户外生活的向往愈加强烈，露营也逐渐演变成一种时尚的休闲方式。

1.1 旅行包

旅行包又称旅游包，是箱包生产企业根据旅行用户需求生产的可将日常用品及旅游物品存放起来以便于携带的箱包。

1.1.1 溯源明理

中世纪时期，背包最早的形态是一种收紧的大口袋，人们为了方便背负，将收口的绳子拉长绕在双肩上。直到17世纪后，开始用皮革来制作背包，形状逐渐呈现出方形。19世纪初，欧洲率先"打开了现代世界的大门"，大型的旅游袋便成为进出欧洲的必需品，大袋子应运而生。从19世纪末开始，包袋成为社会各阶层普遍使用的物品，开始按不同季节、不同用途而进行不同的设计。

根据旅行包容积的不同，可分为大型、中型、小型三类。

大型旅行包容积在50升以上，适用于中长距离的旅行和比较专业的探险活动。即便是短期旅行，如果需要在野外露营，也要用到大型旅行包，因为只有它能装下露营所需的帐篷、睡袋和睡垫等。大型旅行包的侧面和顶部可外绑帐篷和垫子，背包表面还有冰镐套，可供捆绑冰镐、滑雪杖之用。大型旅行包内部有支撑包体的轻质铝合金内架，背部的形状是按人体工程学原理设计的，背带宽而厚，形状采用符合人体生理曲线的S形设计，并且有防止背带向两边侧滑的胸带，使背包者感到十分舒适。

旅行者用旅行包进行收纳

中型旅行包的容积一般为30～50升，这类旅行包适用于2～4天的野外旅行或者城市之间的旅行，以及一些长距离的非露营的自助旅行。中型旅行包的式样和种类更加多样。有些旅行包增加了一些侧袋，更加利于分装物品。这类旅行包的背部结构和大型旅行包大致相同。

小型旅行包的容积在30升以下，一般在城市中使用，用于1～2天的郊游活动。

旅行包中可放置的物品

1.1.2 选购要点

看容量

不同容量的旅行包具有不同的体积，不同身高和体型的人所适用的旅行包体积大小是不一样的，体积合适的旅行包，背在身上才会感觉到轻松舒适。

看旅行时间

一款旅行包的选择，要考虑行程时间的长短、使用的次数、户外活动类型、探索区域类型等。旅行包是根据不同场景、不同功能开发的，中小型旅行包只能用于短期旅行。因此，要根据不同的行程，选择不同的旅行包。

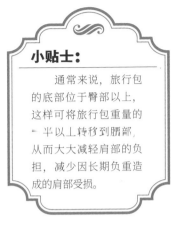

小贴士：

通常来说，旅行包的底部位于臀部以上，这样可将旅行包重量的一半以上转移到腰部，从而大大减轻肩部的负担，减少因长期负重造成的肩部受损。

看旅游环境

小旅行包一般适合郊区健行。多用途旅行包多用于攀岩、溯溪、爬山或周末过夜露营。广用型大旅行包可用于中级山、高山纵走。远征型大旅行包适合长时间高山纵走、海外远征。

看背负系统

户外旅行包主要分为普通旅行包、内架式旅行包和外架式旅行包三种。普通旅行包适合物品少、重量轻的短途出行。内架式旅行包在其内部有结构式的支撑系统，将背负重量平均分布到双肩和臀部之间。外架式旅行包和内架式旅行包原理相同，但支撑架在外面，这两种包都可以进行大负载。

看旅行包颜色

如果要去野外生物活动比较频繁的地方旅行，建议选择颜色较深的旅行包，例如黑色、灰色、深蓝色等。如果是普通旅行，建议选择颜色鲜艳的旅行包，例如红色、黄色、绿色、蓝色、橙色等。

看旅行包材质

帆布旅行包比较耐磨，但缺点是容易受潮，湿了不容易干燥，且包身比较重，只适合短途旅行。尼龙布面料和涤纶面料的背包则较轻，不会吸湿、发霉，且干燥很快，强度也不错，适合长途旅行。

常见的旅行箱包

看品牌

大品牌的产品质量往往有保障，售后服务较好，价格定位也合理。品牌档次的选择，既是消费定位，也是质量定位。高档次的产品无论从功能和舒适度上都会更佳，不过旅行包的档次也和运动的强度及使用的频率有关，高档的旅行包在运动强度大、使用频率高的情况下会更加耐用。消费者可根据自己的实际需求，选择适合自己的品牌。

1.1.3　使用方法

一般将较重的物品置于旅行包顶部，让旅行包的重心高些，这样背负者在行进过程中腰部才能挺直。如果要爬中级难度的山，则要使旅行包的重心低一些，让身体能弯曲穿行于林木间。一般的步行，可使旅行包装的重心高一些，并贴紧背部。

重量较重的器材（如炉具、炊具、雨具、水瓶等）置于上端且靠背部，对于帐篷，需要使用伞带将其绑于旅行包顶端。次重物品（如备用衣物、个人器具、头灯、地图、指北针、照相机等）置于旅行包中心和下方侧袋。轻的物品（如睡袋）可绑在旅行包下方。

旅行者在户外打开旅行包

1.1.4　代表产品

FARPOINT是OSPREY公司依据50年专做户外登山包的经验而推出的一款旅行包。容量不输拉杆箱，搭配OSPREY独有的背负系统，在长途旅行中可放心地解放双手。可拆卸子母包设计，能额外增加储物空间。网状面料舒适透气，可有效减少擦伤。

瑞士军刀威戈经典旅行包采用全球知名品牌NIFCO扣具，材质优良，经久耐用。侧袋和里布丝印SAK印花，外观时尚有质感。背带处设有眼镜挂耳，可使眼镜不易丢失。便捷前袋设计，可快速存取常用物品。

OSPREY FARPOINT 55 旅行包

瑞士军刀威戈经典旅行包

狮洛丹手提旅行包

狮洛丹手提旅行包上设有可插拉杆的隔层，旅行途中可把旅行包插在拉杆箱上，缓解旅途压力，轻松享受旅行。独立大鞋仓，可单独放置鞋，避免弄脏包里的干净衣服。易清洗，物品收纳整齐划一。

(1.2)急救包

急救包是装有急救药品及医疗用品等的小包，其作用是在出现意外情况下便于找寻应急药品的一种救援物品。

1.2.1 溯源明理

随着户外运动的逐渐普及，人们对户外安全也格外重视。急救包是专为野外工作者、户外活动爱好者设计，适于野外勘探、户外探险的个人防护装备，是户外出行都应该准备的关键装备。

急救包主要是为了在遇到受伤、生病、被蛇虫叮咬等一些意外情况下，用于第一时间救援治疗。急救包里的物品通常由两部分组成，一部分是药品，另一部分则是一些外用医疗用品。药品主要是一些常备的感冒药、退烧药、消炎药、肠胃药等。外用医疗用品包括创可贴、纱布、弹性绷带等。在出发前，要仔细阅读药品说明书，记住每种药品的使用方法、用量及禁忌。

急救包里的物品除了用于救援外，也有其他的用途。比如创可贴还可以临时修补破损的冲锋衣、雨衣、睡袋、帐篷等；纱布除用于包扎外还可以用于过滤水中的一些杂质；弹性绷带可以在关节扭伤时当作临时护膝、护踝等，帮助韧带恢复，也可以当作临时紧急止血带来使用。

便携式急救包

急救包、常用药品及医疗用品

1.2.2 选购要点

急救包要求携带方便、使用便捷、分区明确、具有拓展性。对于急救包,要根据自身情况和目的地情况进行选择。

如果独自出行,选择稍小一些的急救包就够了;如果多人出行,则要选择稍大些的急救包。

急救包里要留有备用空间,出行前要将自己或其他人的常备药放置好。

根据目的地不同,如蚊虫较多、有蛇的地方等,需要选择针对性较强的急救包,或自行对普通的急救包进行调整。

不同类型的急救包

1.2.3 使用方法

急救包配备的物品需要满足实用、见效快、疗效好、携带方便、可治疗多种疾病、服用方便、毒副作用小等特点。在使用急救包时,注意查看急救包内部各产品的有效期,超过有效期者禁止使用。若急救包内部的无菌产品包装破损,则禁止使用。

急救包需要存放于干燥通风处，远离热源，不可与化学物品混放，避免阳光直接照射。

要经常检查急救包内药品的生产日期和保质期，确保急救包内所有药品都在保质期内，防止误服过期药品造成更大的麻烦。

户外活动中配备的急救包

1.2.4 代表产品

畅意游旅行便携急救包采用PP（聚丙烯）塑料材质一体成型压塑技术制作，结实耐用。收纳盒设计方便收纳，不占空间，方便易携带，可满足不同场景应急需要，例如家庭、户外、车载、垂钓、野营、探险等场景。

科洛便携急救包造型线条流畅，小巧精致，采用PU（聚氨酯）皮革、EVA（乙烯-乙酸乙烯酯共聚物）材质，能有效防水，适用于多种环境。该急救包采用科洛品牌拉链头，优质五金配件制造，拉齿顺滑，多次拉合不卡槽。

援邦急救包采用3层分区网格设计，内部有多层透气网纱，分隔整齐，分类收纳更轻松。该包小巧轻便，适用于户外运动、野外徒步、自驾旅游以及家居常备。

畅意游旅行便携急救包

科洛便携急救包

援邦急救包

⚫①.3 洗漱包

洗漱包是用来放置并携带洗漱用品及其他重要的小件生活用品的工具和容器，也称为浴包、澡包、浴袋等。

1.3.1 溯源明理

洗漱包是外出、出差或旅行过程中不可缺少的物品之一，起初只是为了洗澡时方便收纳洗漱物品，现在已经发展成收纳洗漱用品、护肤品、旅游携带品等。

洗漱包按材质可分为简单的塑料洗漱包、革料洗漱包、回力胶网料洗漱包、革料胶网料结合洗漱包、仿亚麻洗漱包等。

塑料洗漱包完全采用PVC（聚氯乙烯）之类的塑料薄膜材质，有些材质上配印有各种花色以及图案，再配以简单拉锁和简单拎手，制作形状有长方形、半圆形、椭圆形等。

革料洗漱包采用革料制作而成，相对于简单的塑料洗漱包来说是一种升级产品，其形状也不尽相同，已知的形状大概分为圆形、长方形、正方形等。有些革料洗漱包配有精美图案，适合不同人群使用。

回力胶网料洗漱包完全采用回力胶网料制作而成，具有漏水、透气等特点，放置在此种洗漱包中的洗漱用具容易干燥，不会产生异味，比较适宜长途旅行使用。由于此材质的特殊性，其表面无法印刷字体和图案。

革料回力胶网料结合洗漱包是以皮革材料为主，回力胶网料为辅的一种结合体洗漱包。回力胶网料主要用在洗漱包底部和两侧，以排水、透气为主要目的，解决了全革料洗漱包的封闭性。

仿亚麻洗漱包的主要材质是一种非常结实的胶料硬网，表面犹如亚麻材质和颜色，其优点是耐高温、耐低温、不易碎裂。

户外可悬挂的洗漱包

1.3.2 选购要点

洗漱包主要的作用就是收纳各种常用的个人洗护用品，洗漱包的容量大小，应根据自己经常旅行或出差时携带的物品数量为参考标准。洗漱包既不能买得太小，也不能买得太大，一切要根据自己的实际需求出发。

除了容量外，选购洗漱包时还需要根据自己携带的物品选择有隔层或者无隔层，方便进行混装或者分开存放。

另外，洗漱包是否防水、本身的材质是否耐用、拉链是否顺滑、是否可以手提或者悬挂也是选购时需要考虑的因素。

挂在树枝上的洗漱包

可悬挂在车上的洗漱包

1.3.3　使用方法

不管是哪种材质的洗漱包，重要的是洗漱包里面的结构。对于没有隔层的洗漱包，可以将很多个人洗护用品混装在一起，比较方便而且充分利用了空间。需要注意的是，混装个人洗护用品时只能放瓶装的物品，不要将牙刷、毛巾等混装在一起，否则容易滋生细菌。

如果是干湿分离的洗漱包，可以将各种个人洗护用品分开存放，避免混放。

现在大部分洗漱包里面的构造设计都差不多，设计师已经根据各种洗护用品的特点设计了专门的存放位置，按照物品大小依次存放即可。

户外使用洗漱用品

1.3.4　代表产品

PACK ALL旅行洗漱包有多个分仓，方便分类收纳，涤纶材质，结实耐用，还配有一个挂钩，方便洗漱时悬挂。内部采用网面设计，收纳的物品一目了然。该包轻盈便捷，适合家庭、出差、户外旅行等多种场景。

四万公里洗漱包采用干湿分离设计，内设防泼水区，可单独存放潮湿物

PACK ALL 旅行洗漱包

品，而且多层立体分隔，主袋内有多个内袋分格，合理收纳，容量超大。可折叠，也可悬挂，实用而且便捷，家用或者户外旅行都很适合。

驰动洗漱包有三个尺寸，小号适合日常家用，中号适合短途旅行，大号适合中长途旅行。驰动洗漱包外形时尚，防水防尘，外出携带更方便。

四万公里洗漱包

驰动洗漱包

1.4 帐篷

帐篷是撑在地上遮蔽风雨、日光并供人临时居住的棚子，具有体积小、携带方便、坚固耐用等特点。

1.4.1 溯源明理

原始社会的人类只能在荒野之中生存，因此创造了由动物皮毛和木杆制成的帐篷，如鄂伦春人的"神仙柱"、印第安人的帐篷等，为后人开启了露营帐篷的发展之路。帐篷作为人类最重要的流动居所，在寻找食物的迁徙过程中扮演着重要角色。

除了作为野外战争的庇护所外，可安营扎寨的帐篷对游牧民族的意义更为重大，它不仅是迁徙移居的重要工具，更是游牧文明兴衰的见证者。

随着工业发展及城市化的进程，野外露营迅速在大众范围内流行开来。而户外帐篷也逐渐由人们遮风挡雨的庇护所变成户外露营的重要装备之一，简便、易携带的帐篷，为户外爱好者的出行提供了便利。

帐篷是露营的重要装备，但不是唯一装备，其在露营中的作用是有限的。一般来说，普通帐篷的保暖作用有限，露营保暖主要依赖睡袋，帐篷的主要功能是防风、防雨、防尘、防露、防潮，为露营者提供一个相对舒适的休息环境。

帐篷的雨布或外帐一般采用防水的尼龙布，以抵抗雨水的渗入，防水性良好的帐篷会在缝线部分涂上防水胶以增加防水性；主帐或内帐的布料防水性不如外帐，但是会有不错的透气性。帐篷的地布和外帐一样，都要能够阻止湿气渗透进来，因此地布的防水性是非常重要的。

帐篷在设计上考虑到不同的用途，有不同的款式。就帐篷的外形而言，常见的帐篷大体分五种款式：三角形帐篷、蒙古包式帐篷、六角形帐篷、船底形帐篷和屋脊形帐篷。

三角形帐篷前后采用人字形铁管作为支架，中间架一个横杆连接，撑起内帐，装上外帐即可，这是早期最常见的帐篷款式。三角形帐篷具有重量轻、抗风性能好、稳定性好等优点，搭建也很方便，只需固定好帐角及相应风绳的地钉，中间用手杖或支撑杆撑起来即可；不过最大的问题就是帐篷内部的冷凝水可能会打湿衣物或睡袋。三角形帐篷大多适用于丛林、高原、高纬度地区或是独自徒步旅行。

蒙古包式帐篷采用双杆交叉支撑，拆装都比较简便。圆顶形设计适用广泛，从低海拔地区到高山都能够使用。但是由于它的迎风面是均等的，所以抗风性能差一些。这种帐篷适用于公园、湖畔等环境的遮阳、避蚊虫或阴雨天气的休闲出游活动。

六角形帐篷采用三杆或四杆交叉支撑，也有的采用六杆设计，注重帐篷的稳固性，是高山型帐篷的常见款式。这种帐篷相对较重且搭建不是很方便，大多适合在高山跋涉及恶劣天气下使用。

船底形帐篷撑起后像一条反扣过来的小船，可分为两杆、三杆不同的支撑方式，一般中间为卧室，两头为厅棚，在设计上注重防风流线，是常见的帐篷款式之一。船底形帐篷的保暖性能、抗风性能、防雨性能都不错，而且空间也很大，如果迎风搭建，则要注意风力不能过度挤压帐杆，侧面来风可能使其有些晃动。这种帐篷大多适用于高海拔营地建设。

屋脊形帐篷形似一间独立的小瓦房，通常采用四角四根立柱支撑，上面架一个脊形的结构式屋顶。这种帐篷一般比较高大、笨重，适合"驾车族"或相对固定的野外作业露营使用。

帐篷内部视角

1.4.2　选购要点

选择帐篷时要先考虑用途、使用人数、抗风抗雨性能、使用季节、重量等条件。每个品牌都有很多款帐篷，每款帐篷的性能和功能也不尽相同，在选择时不能只选品牌，还要看帐篷说明书或者吊牌合格证上的参数，根据自己对防风、抗雨的要求来选择适合自己的帐篷。如果只是为遮阳或者去公园玩，可以选择自动帐篷。自动帐篷是一种可以快速打开和收起的帐篷。市面上常见的自动帐篷多采用玻璃纤维杆，具有较高的弹性和韧性，可以反复折叠，因此寿命也相对较长。但这类帐篷防雨和抗风性很差，因户外经常会遇到5～6级风，自动帐篷很容易被刮倒，所以如果去户外露营不要选择这种帐篷。

户外露营基地 夜晚时候的帐篷

1.4.3 使用方法

不同种类的帐篷有不同的使用方法。就普通帐篷来说，首先是选择好营地，把帐篷的内帐平铺在地上，把折叠的帐杆取出来，一节节拉直，接成一根长杆，按照说明书中介绍的使用方法穿进帐篷上面的帐杆套里，常见帐篷采用的是十字穿法。

两根帐杆都穿好后，把每根杆的一头插进帐篷角上的小孔里，用力使帐杆将帐篷拱起，在帐篷形状形成之后，在帐杆的交叉处用绳子拴住固定，选好门的方向，即可把帐篷固定在地上。之后用地钉钩住四角的环插进土里，要让帐底伸展开，整个帐篷绷紧。最后挂外帐，把外帐打开，蒙在内帐上，帐篷就搭好了。

需要注意的是，搭帐篷时不要过于急躁，若太急躁很可能会把帐篷杆折断，尤其是气温低时玻璃钢很脆，最好携带一根长20厘米左右的金属管备用。为了防止帐篷底部被扎坏，在搭建前要先清理一下地面上的树枝、草根等。

在拉固定绳时，为避免绊倒他人，可以在上面拴上一根红布条提醒别人注意。养成即使没风也打好地钉的习惯，否则起风后空帐篷很容易被风吹跑。风很大时，如果要留下空帐篷，最好将帐篷放倒，在上面压上重物，防止帐篷被风吹坏。

旅行爱好者正在搭帐篷

1.4.4 代表产品

哥伦比亚猛犸溪6人小屋帐篷非常适合家庭露营旅行，可在户外提供宽敞舒适的环境。这种帐篷具有防水涂层，干燥速度比未涂层织物快3~5倍。配有可拆卸隔板，能自主创建第二个房间。

哈雷戴维森Road Ready帐篷收纳简单，方便携带，手动搭建完成后可容纳三人。该款帐篷有三种颜色可供选择，即黑色、橙色和灰色。配件包括齿轮、收纳袋和防雨板。

骆驼A1S3NA111户外液压帐篷采用全自动液压式帐架，将帐篷从地面展开，向上提起即可自动撑开，轻松搭建，不费力，一人即可轻松完成。帐内空间宽敞舒适，足以容纳三人以上，非常适合结伴出游或家庭露营使用。

哥伦比亚猛犸溪 6 人小屋帐篷

哈雷戴维森 Road Ready 帐篷

骆驼 A1S3NA111 户外液压帐篷

 1.5 睡袋

睡袋就是睡觉时用的袋子，是户外旅行者必备的装备之一。

1.5.1 溯源明理

早期的睡袋由具有优良绝热性能的骆驼毛填充，之后又出现了中空的橡胶气垫，并且用于18世纪20年代的地球极点探险。

直到19世纪，睡袋都是特殊的制品，但由于不断发展的户外用品需求市场，更多的公司开始专门设计和生产睡袋。基于喜马拉雅山探险活动以及登山运动的兴起，各公司开始不断发展和完善睡袋的设计与制作，这时诞生了能紧密包裹身体的木乃伊式睡袋，英国登山家还凭借这种睡袋成功登上了珠穆朗玛峰。工业革命后由于制造业以及化工业的发展，人工合成的纤维开始大量生产，由于合成纤维具有优良的保暖性能，开始被广泛用于睡袋的生产中。

羽绒的处理和使用技术在19世纪中期才开始发展。1892年，英国的一支探险队伍就采用了羽绒材料的睡袋。

随着徒步旅行和户外露营逐渐兴起，人们对户外装备的需求也越来越大。睡袋成为一种商业产品，生产公司开始在睡袋上标注温标，以方便顾客在购买时可以按照自己的需要进行选择。刚开始标注的温标非常简单，只能按照大概的使用温度选择。后来，一些品牌的睡袋开始给出两个温标数值：舒适温度和极限温度。尽管不同品牌的睡袋上都标注了建立在其自家检测基础上的建议舒适温度，但这个标准在大部分高品质睡袋品牌中是相似的。睡袋销售商和购买者都明白标注在睡袋上的舒适温度只是建立在理想情况下测试出来的结果，在实际使用时舒适温度往往要高几摄氏度。

对于睡袋生产厂商来说，测试睡袋的温标需要设定相应的环境气候条件（温度、风速、湿度）以及所穿衣服等其他条件，并且很难像登山者那样去面对各种各样的环境和气候情况，一般的测试只能基于理想环境下一定的温度和湿度，导致测试的结果与实际使用情况大相径庭。为了使测试结果更加接近真实使用环境，各个品牌纷纷建立气候实验室，在人造的环境中控制温度、湿度、风速等物理条件，并在相对应的气候下测试睡袋，由此得出比较符合真实使用情况的温标系数。随着科技的进步，计算机以及各种探测手段的不断进步和完善，红外热成像系统也开始应用在睡袋测试中，根据红外热成像可以清晰判断出人体在睡袋中的散热情况，红色区域表示散发出来的热量比相应的蓝色区域要多，设计睡袋时可以根据测试结果进行相应的改进。

帐篷内的睡袋

1.5.2 选购要点

看温标

温标是睡袋最重要的指标，通常睡袋的温标都是按照男性计算的，而女性一般要比男性更容易感到寒冷，因此，女性使用时睡袋的温标一般要比男性高5摄氏度。

看材质

好的睡袋多采用防水透气材料，睡袋的外用材料要具有一定的防水性，确保睡袋干燥。

看填充物

睡袋填充物主要有两种，即羽绒和化纤棉，此外还有单层的抓绒睡袋。

选择款式

睡袋的形状直接关系到睡袋的保暖效果、睡眠的舒适性以及行李的体积。根据形状，睡袋主要分为三种：木乃伊形、半长方形、信封形。以上三种睡袋，从保暖性上来说依次递减，从舒适度上来说依次递增。

考虑长度

睡袋的长度一般有两种标准：适用于身高1.80米以下的"标准"睡袋和适用于身高1.95米以下的"加长"睡袋。此外，有些睡袋厂商还能够提供"特长"睡袋、专为女性设计的睡袋及专为儿童设计的睡袋。

不同类型的睡袋

旅行者在野外收纳睡袋

1.5.3　使用方法

无论是羽绒睡袋还是化纤棉睡袋，在长时间不使用的情况下，尽量不要压缩起来保存，应保持睡袋蓬松，适当晾晒一下也是不错的方法。这样做的目的是保持羽绒和棉的本性，延长使用寿命，尤其是羽绒睡袋，可保存在专用的羽绒睡袋存储袋里。另外，睡袋作为贴身的卫生用品，应避免相互借用。

旅行者在野外使用睡袋

羽绒睡袋4年左右清洗一次即可。羽绒睡袋可和棉质的睡袋内衬共用，以减少洗涤次数，同时棉质睡袋内衬有帮助吸汗的作用。

1.5.4　代表产品

挪客CW280羽绒睡袋拥有90%的含绒量，羽绒轻盈舒适，分布均匀，可有效保暖防寒。采用独立条形绒道，有效避免跑绒、钻绒。配备的压缩袋使收纳更简单快捷，出行携带更方便。

骆驼户外睡袋采用全涤纶材质，触感垂滑细腻。表层有防泼水涂层，干爽耐脏。甄选190T春亚纺面料、高蓬中空棉，锁温御寒。睡袋底部拉链可灵活调控，轻松适应各种环境。

挪客 CW280 羽绒睡袋与收纳包

骆驼户外睡袋

探路者 TECK80177-CF3X 睡袋

探路者TECK80177-CF3X睡袋采用信封式设计，活动空间大，可提高睡眠舒适度。内里可拆卸，单独使用、清洗。头部内里设计有头枕袋，可将衣物放在头枕袋中作为枕头使用。

1.6 防潮垫

防潮垫是户外露营中一项重要的装备，不仅可以减轻睡在不平坦地面造成的不舒适，更重要的是可以隔绝地面的湿气。

1.6.1 溯源明理

防潮垫是户外露营时的重要装备之一，主要有三个功能：舒适、保暖、防潮。

舒适的防潮垫可以让人在高低不平的山间野外多一层柔软的防护层，而且它可以将人体和寒冷的地面隔离，减少人体热量散失，阻止地面寒气侵入。

防潮垫的隔绝原理与人们使用睡袋和保暖衣服一样，都是利用一层几乎不流动的空气作为隔绝层，挡住外界的低温。隔绝的效果根据使用材质能利用多少空气层和空气层的流动性而有不同。

市面上的防潮垫主要有以下几种。

空气防潮垫

优点是舒适度够、可调整体积，而且经济实用。缺点是较重，不方便携带，而且很容易被刺破，里面的空气流动性高，隔绝效果差。

开放式发泡防潮垫

一般由膨胀的聚氨酯制成，里面有许多细微的气室可以允许外界空气进入，形成隔绝层。其内部的气室限制住空气的流动，可以达到较好的隔绝效果。缺点是会吸水，一旦碰到水就不能用；体积大、不容易压缩、使用不方便，而且隔绝效果没有封闭式发泡防潮垫好。

封闭式发泡防潮垫

这是内部含有很多封闭的细微气室的泡棉防潮垫，一般市面上又分为泡棉防潮垫、锡箔披覆防潮垫、折叠式防潮垫。优点是价格便宜，耐用性好，即使被冰爪踩到，仍然可以使用；这种防潮垫的隔绝效果也很突出，因为封闭气室内的空气几乎不流动，不会吸水。缺点是有一定的重量，垫子的厚度比开放式发泡防潮垫要薄，所以要选择较厚重的产品，睡起来比较舒服。

自动充气防潮垫

内部是开放式发泡防潮垫，外层再加上组织紧密、防水性佳的尼龙布，同时在角落设有一个充气气阀以方便空气的流通。优点是舒适性与开放式发泡防潮垫一样好，但是隔绝性更优于开放式；外层的防水尼龙布限制住防潮垫内部空气的流动，通过充气气阀可以调整防潮垫体积的大小，而且非常舒适，始终能保持一定的厚度。缺点是价格昂贵，容易被刺破或撕裂。

旅行者将防潮垫放进帐篷

1.6.2　选购要点

选购防潮垫时要考虑使用环境。如果是在恶劣环境中进行户外活动，防潮垫至关重要，好的睡袋如果没有防潮垫配合，保暖程度会大大降低。所以登山活动中常常选择物理发泡的高密度防潮垫或高质量的自动充气防潮垫。普通户外活动中，如果野营地面是草原或沙滩，各种防潮垫都能胜任；如果是凹凸不平的山地，最好选用较厚的防潮垫。

帐篷内的防潮垫

选购防潮垫时还要考虑防潮垫的体积和质量。自动充气防潮垫折叠后体积最小，直径约11厘米，长度约28厘米，质量为700～1000克。单层防潮垫，质量为300～400克。一般厚一些的防潮垫质量为400～550克。对于发泡防潮垫，在选择时还应该考虑防潮垫的形状，搓板形、蜂窝形之类的有沟槽设计的防潮垫效果会更好。

1.6.3　使用方法

使用防潮垫时需注意地面是否平整，是否存在石子或树枝之类的异物。因为是易耗品，使用时应小心，特别是自动充气防潮垫，扎破后很麻烦。防潮垫使用后要保持干燥和清洁，如果发现潮湿要及时晾干。化学发泡的防潮垫有一些气味，使用前先去掉表面的塑料包装薄膜，摊开后露天放置1～2小时，以去除异味。牛津布的防潮垫套有很好的保护作用。野营穿越中防潮垫经常挂在背包外面，容易受到灌木、山石刮划而破损，在牛津布外套的保护下，防潮垫的使用寿命可以大幅延长。

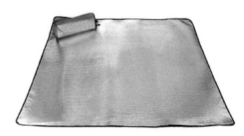

铝膜防潮垫

1.6.4　代表产品

挪客户外防潮野餐垫采用聚酯纤维、丝绵、牛津布三层面料，利用高频率振荡，使面料分子产生摩擦，稳固结合，更平整耐用。一体化提手设计，携带出行更方便。

牧高笛TPU便携单人防潮垫是一款充气防潮垫，不仅能够起到保暖作用，防水隔潮，还能防硌，配合睡袋使用，更加柔软舒适。

捷昇户外防潮垫采用双面铝膜，铝膜中间采用珍珠棉"热复合"技术，不易断层，从而达到防潮效果。多功能设计，可供居家、野餐、露营、出游等多种用途使用。

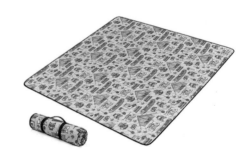

挪客户外防潮野餐垫

牧高笛 TPU 便携单人防潮垫

捷昇户外防潮垫

1.7 照明工具

在户外活动中，不管是露营还是野外探险，除了必要的装备外，照明工具如手电、头灯、营灯、打火机、防风火柴、蜡烛等也是必不可少的。为了避免电力耗尽，还可以配备太阳能充电器、电池等，以防万一。

1.7.1　溯源明理

移动照明工具的发展可追溯至人类社会发展的初期——原始社会。自从人类学会钻木取火以来，移动照明工具经历过无数的变革，从火把、油灯、蜡烛、煤油灯，到白炽灯泡手电、氙气灯泡手电，再到21世纪琳琅满目的LED（发光二极管）手电等。其中油灯经过了多次改进，包括灯油从动物油改为植物油，最后又被煤油取代；为了防止风把火吹灭，人们给油灯加上了罩，从早期的纸糊罩到后来改用玻璃罩，这样的油灯不怕风吹，便于户外移动照明。在使用油灯照明的同时，人类仍然在寻找其他的移动照明方法。公元前3世纪左右，有人用蜂蜡做成了蜡烛。到了18世纪，出现了用石蜡制作的蜡烛，并且开始用机器大量生产。100多年前英国人发明了煤气灯，使人类的照明方法向前迈进了一大步。19世纪末，爱迪生发明了电灯，从此改写了人类照明的历史，人类走入了用电照明的时代。

爱迪生发明电灯，法拉第发明电池，由此产生了真正意义上的手电。但其灯泡发光性能十分不稳定，直到20世纪60年代后期，随着碱性电池的出现，手电才得以广泛应用。

但是在户外夜间行走时，如果一只手拿着手电，这只手就不能空出来，这样遇见意外情况就没办法及时处理。所以，一个好的头灯是走夜路时必不可少的。

头灯是户外活动如夜间徒步、夜间露营时不可缺少的一个重要装备。当今新款头灯采用的省电科技，如LED冷光技术，以及高档头灯上的灯杯材料革新，都是手电不能相比的。

旅行者在户外使用手电

1.7.2 选购要点

户外手电的选择

① 可靠性。户外运动对照明工具的要求是"随时可用",可靠性不佳的照明工具,在关键时刻无法工作会造成严重的后果,甚至导致生命危险。因此,高可靠性是选择户外手电的首要原则。

② 防水性。户外环境复杂多变,户外手电必须具备防水功能。如有条件,尽量选择IPX-8防水标准的户外手电,这种手电可在1.5~30米深的水下连续浸没30分钟而不会影响性能。

③ 续航能力。户外活动不可能携带大量的电池,所以要尽量选用高效率的户外手电,保证有足够的亮度和超长的续航时间。最好有一个低亮度能持续照明达到几十小时以上的手电,以备在极端情况下使用。

④ 亮度。在需要高亮度照明时,户外手电却力不从心是很危险的。因此,一款高亮度的户外手电是必备的照明工具,特别是用于对不熟悉路段的探索上,户外手电的最高亮度最好超过100流明。

⑤ 便捷。户外手电要尽可能做到体积小、重量轻,外出携带不增加负重,节省体力,一般的个人户外手电最好控制在100克以内。当然,强力型户外手电在重量和体积上相对较大。

⑥ 多挡调光。使用者可以在营地、徒步、搜索等不同用途时选择最合适的亮度,同时合理地节省宝贵的电能。同时,多挡调光技术还衍生出不少辅助功能,比如SOS求救信号,遇到危险时可以发出求救摩斯密码,向搜救人士求救。

⑦ 亮度恒定。在户外手电工作的同时,电池随着能量的消耗电压越来越低,传统手电的亮度也随之下降,照明效果逐步变差,等手电亮度降到一定程度时已经无法提供合适的照明,只能更换电池,而这时候往往电池还有一部分电量,于是这部分电量就白白浪费了。恒流电路技术的出现解决了该问题,运用该技术的照明工具在实际使用中能维持亮度不变,提供更舒适的照明体验,同时电量使用更加有效。

⑧ 电池容易获取。户外手电最好使用在世界各地,即使在小山村的商店也能够买到的电池,在大多数情况下具备这种特性的理想电池就是AA电池。考虑到AA电池的容量较小,现在大容量的可充电锂电池(18650锂电池)和耐寒的一次性锂电池(CR123A电池)也推荐使用。

户外头灯的选择

① 防水性。在户外露营或者其他夜间活动时难免遇到阴雨天,因此户外头灯必须具有防水性,否则下雨或者浸水会引起电路短路,导致户外头灯熄灭或者忽亮忽暗,在黑暗中造成安全隐患。选购户外头灯时必须看清是否有防水标识。对于一般户外头灯,如果防水等级是IPX-6,则足够在正常户外活动中使用。

② 抗摔性。一款性能良好的户外头灯必须具有抗摔性（抗冲击性），一般测试的办法是在1米高度让户外头灯自由下坠。在户外运动中有可能因为佩戴过松等各种原因出现头灯掉落的现象，如果造成外壳开裂、电池脱落或者内部电路故障，就算在黑暗中寻找脱落的电池也是一件非常困难的事情，所以这样的户外头灯肯定是不可靠的，因此在选购时也要看清是否有抗摔标识。

③ 耐寒性。主要针对北方地区以及高海拔地区的户外活动，尤其是分体式电池盒的户外头灯，如果采用劣质的PVC电线，那么很有可能因为寒冷而造成电线表皮发硬而变脆，从而导致内部线芯折断。因此，如果要在低温下使用户外头灯，必须加倍注意产品的耐寒设计。

配备的户外手电

佩戴户外头灯的旅行者

1.7.3 使用方法

户外头灯或户外手电筒是相当重要的装备，但不用时必须取出电池，避免被腐蚀。户外头灯灯座需有一片舒适的软垫，灯座的开关需耐用，不要出现置于背包会自行开启而浪费电能或出一些其他状况。灯座的开关最好有一个凹槽设计，如果担心在行进过程中出现问题，可以将其用胶布贴住。灯泡和电池则分开放置。除此之外，为了防止灯泡不够用，可以多配几个备用灯泡。卤素灯泡、氙灯泡、氩灯泡等虽然比真空管灯泡亮，但这些灯泡容易耗电，在这种情况下，备用灯泡就有了用武之地。

如果是夜晚登山，最好采用头灯作为主光源，因为它的光照有效距离至少有10米，还能保持6~7小时的正常亮度，并且大部分都能防雨，再带上两节备用电池即可。

露营时采用的头灯

1.7.4 代表产品

菲尼克斯TK16 V2.0强光手电由A6061-T6铝合金打造，即使高强度碾压或撞击，仍可正常工作。电池仓采用双弹簧结构设计，弹簧与电池始终保持弹力贴合，有效避免因强烈震动引发的瞬时断电。

菲尼克斯 HP30R V2.0户外头灯采用分体式设计，电池盒可头戴，也可放在腰间，或者放在背包和口袋等位置。整体造型粗犷有力，采用高韧性编织带，搭配大面积反光条，在雨、雾、雪、夜等视线较差环境下也能轻松辨别，有效起到安全警示作用。

菲尼克斯 TK16 V2.0 强光手电

菲尼克斯 CL30R充电露营灯是一款具有USB充电功能的高性能露营灯。采用菲尼克斯独特的抗寒电池仓结构，防水等级为IPX-7，设置5挡照明和频闪模式，配备挂耳及三脚架接口，再加上充电指示灯、电量显示功能等人性化设计，无论营地大小和环境复杂程度，都能带来理想的照明体验。

菲尼克斯 HP30R V2.0 户外头灯　　　　菲尼克斯 CL30R 充电露营灯

(1.8) 户外炊具

在户外露营野餐，炊具是必不可少的。不同的炊具有着不同的导热效率、坚固程度、大小及重量。

1.8.1　溯源明理

人类第一种真正的炊食具是陶器。火的使用使人类结束了茹毛饮血的原始生食阶段，从而进入原始熟食阶段。在此阶段，我们的祖先曾经尝试将食物包裹在泥巴之中，之后置于火中烧炙。出乎意料的是：经过高温后泥巴变得坚硬细密，既保护了食物，又可反复使用，这一兴之所至的尝试，结果却促成了人类发展史上一个伟大的里程碑——陶器的诞生。

在中国，陶器的发明被视为由旧石器时代进入新石器时代的标志之一，这一发明对人类文明进程的影响深刻而久远。在金属器进入人类社会生活之前的数千年里，陶器一直是人类最主要的生活器具，直至今日，它仍未完全退出我们的生活。

青铜器时代的农业和手工业较新石器时代都有了长足的发展，丰富的原料对烹饪技术提出了更高的要求，这个时期发展并完善了烧、烤、蒸、煮的技法，较为完整而独特的烹饪理论已逐渐形成。与这一状况相适应，这个时期的炊食具种类庞杂，形态和功能出现了分化。因此，夏商周时期炊食具的种类和数量都比以前大为增加。

铁器时代的炊具是以灶为核心的复合烹饪器。灶的功能和形态多样化，既有日常使用的不可移动的垒砌灶，也有专供温食、行军使用的小型金属灶；既有单火孔灶，也有适合煮、蒸、温水的多火孔灶。灶上所用炊具是釜和甑，盛食和进食的器具有碗、盘、盆、罐、勺、箸等。

秦汉至南北朝是炊食具和饮食方式发生重大变革的时期。铁器易于导热的性能与动物油脂的广泛使用促成了"炒"这一最具中国特色的烹饪方式的发明。由隋唐到明清，食具中增加了瓷器、金银器、漆木器等多种材质，工艺也越加精美，可以说是技术与艺术的结合体。另外，不仅以铁器为炊具、以瓷器为食具的物质条件与近代相同，而且一日三餐的吃饭习惯在唐宋时期也得到最终确立。

随着现代科技的发展，炊具的制作材料不断变化，多为铁、铝等，炊具的种类也日益繁多，有电饭锅、微波炉、高压锅、平底锅等。

盛装食物的户外炊具

户外便携式厨具

1.8.2 选购要点

户外炊具和厨房炊具是不一样的。户外活动是一项非常消耗体能的运动，户外炊具主要考虑重量轻、便于携带。户外炊具的选择最好符合以下几个特点。

① 同样收纳体积下，功能越多越好。因为在外露营，物资携带比较麻烦，背包空间需有效利用，完美的收纳空间和多功能便是首选。

② 同样的体积下，尽可能选择重量轻的户外炊具，这也是为了方便携带。预算充裕的话可以选择钛合金材质餐具，也可以选用性价比较高的铝炊具。

③ 炊具的实用性需要考量，主要具备受热更快、保温性好、受热均匀三个特性。

④ 炊具需要具有多功能性，建议选择能够胜任各种烹饪要求的套锅。

⑤ 炊具的耐用性也不容忽视，一般带涂层的产品容易损坏，铝材质的产品比钛材质和不锈钢材质的产品耐用性差，也不应作为首选。

户外烹煮食物

1.8.3 使用方法

如果是到外地进行户外活动，最好是在当地的户外店购买燃料，以避免携带燃料乘坐长途交通工具。

使用炉头时，一定要先关闭炉头的气量调节阀门；将炉头与燃气罐进行连接；连接好以后一定要检查是否漏气，如果漏气，可能会引发火灾事故；点火时要注意，用电子点火开关点火时应先打开阀门，微微放出燃气，再按电子点火开关点火；没有电子点火开关而用明火点燃时应该先将明火放置在炉头喷气口，再打开阀门，微微放出燃气点火；一般情况下，在帐篷的门廊里使用炉头，如果在帐篷里使用，最好在一个金属的托盘上放置炉头，这样既可以让炉头容易保持平稳状态，也可以避免万一锅里的水溢出让整个帐篷遭受"水灾"。

用过的炉头一定要用干的毛巾或者手纸仔细擦拭干净，用封口塑料袋密封好，这样不仅可以避免灰尘堵住炉头的通气管道，而且可以避免在高寒地带时通气系统被冻住。如果不幸这两种情况发生了，可以尝试用其他工作正常的炉头对其进行加热，先让炉头受热，然后用力吹气，这样都可以帮助炉头的通气系统恢复正常。炉头应放在专门的炉头袋里，避免与外物碰撞造成炉头破损。

使用燃气炉时,最好不要将燃气罐直接放在雪地上,低温对一些质量不是特别好的燃气的燃烧性能有一些影响,最好是在地上放一个隔热垫。如果使用燃油炉,要注意燃油罐不要注油太满,7~8分满就够了;把燃油罐盖子旋紧后,先打气5~7下,再检查是否漏油;在高海拔地区,由于空气压力比较小,相应地,燃油罐的气压不要太高。在使用炉具时可能发生各种各样的意外,最常见的就是失火。为了避免失火,在点火前一定要检查燃气(油)罐和炉头连接好以后是否泄漏。

户外各种炊具

1.8.4 代表产品

火枫野宴户外炊具锅体采用阳极硬质氧化处理,硬度比铝合金本身有所提高,更容易清洗。锅内空间可以容纳小碗、餐具、调料等。手柄长约15厘米,采用不锈钢加护套制作,不易烫手,操作更方便。

挪客轻便户外炊具包括大号钛锅、中号钛锅、小号钛锅以及大号煎锅、小号煎锅。可单锅多用,便捷的双柄折叠设计,使收纳更方便。

爱路客CW-C05锅具属于多功能一体锅,集煎盘、煮锅和炉具为一体。分体式设计,可单独清洗,压缩收纳,方便携带。

火枫野宴户外炊具

挪客轻便户外炊具

爱路客 CW-C05 锅具

1.9 户外餐具

餐具指用餐时直接接触食物的非可食性工具，用于辅助食物分发或作为盛放食物的器皿和用具。

1.9.1　溯源明理

在原始社会时期，由于受到自然条件的限制，再加上原始人类思想意识尚未开化，所以生活在当时社会中的人类，最大的愿望就是能吃饱穿暖。他们不断向大自然索取食物，并过着"茹毛饮血"的原始生活。

随着社会进程不断向前推移，以及原始人在不断与大自然斗争的过程中所积累的经验越来越丰富，人们对大自然的认知逐渐加深。在诸多因素的影响之下，人类开始对生活的必需品提出了新的要求。只吃生肉的饮食习惯，已经无法满足他们的身体需求和味蕾了。

在这种前提下人们开始用火烤食物吃，会使用"火种"是人类发展史上的重要飞跃。至此生活于原始社会以及上古部落中的人，不仅吃上了烤熟的食物，身体素质也有了提升。

户外餐具实用性与可收纳性都应考量

"火种"出现之后，用泥土烧制的陶器开始诞生。生活在新石器时代的人类，就已经掌握了使用泥土烧制陶器的技术。大小不一、形状各异的陶碗，就是在这个时期出现的。

自从陶碗问世之后，人类终于实现了饮食文化上的跨越。同时陶碗也是古代饮食文化发展的一个重要标志。至此人类开始了使用餐具吃饭、喝水的新里程。

户外各种餐具收纳箱

1.9.2　选购要点

陶瓷类餐具选购要点

① 一看。将餐具拿到有光源的地方看其表面的折射光，如果有图案的部分与

没图案的部分折射光一样，说明是劣质品；反之就是优质品。同时还要检查器型是否规整、表面有无明显瑕疵，将几个同规格尺寸的餐具堆叠在一起，如果发现距离不匀，则说明是劣质品。

② 二摸。用手摸餐具有图案和没图案的部分，如果两处一样光滑，则说明是劣质品；如果有图案部分摸着明显有生涩感，感觉图案像是贴在餐具表面的为优质品。

③ 三刮。餐具的外层是非常坚硬的，即使再怎么用劲刮也不会损伤釉面，如果发现餐具的釉面图案能被轻易刮掉，那么肯定是劣质品。

金属类餐具选购要点

看餐具的质感。优质的金属类餐具主要体现在做工细腻，考究，有光泽；磨边处理平滑、手感舒适。

户外烹煮食物

1.9.3 清洗方法

出于轻量化和环保原则，短期露营时可以带小瓶装的洗洁精和肥皂。如果露营时忘记带洗洁精，可以先用水洗干净后，再用纸巾擦掉锅上的油污。

在户外，河滩的细沙和树叶、湖边的黄土等也是不错的清洗剂。用它们来回摩擦几次餐具也能使餐具变得干净，只是清洗时间长，而且沙子容易磨损餐具。

户外餐具及炊具

1.9.4　代表产品

铠斯Ti5302便携户外餐勺采用纯钛制造，折叠把手为304不锈钢。该餐具耐高低温，可高温消毒，手柄可拆卸调节，使用灵活，适合居家旅行常备。

钛金属质地轻盈，具有非常高的强度和重量比，拥有坚硬如钉的性质。挪客乐行钛杯采用纯钛制作，手把可折叠。表面应用喷砂工艺，不易留下指纹痕迹，颜色更均匀。

CLS户外露营餐具采用不锈钢制造，轻便稳固，非常适合户外携带。餐具经过精心打磨，边角宽厚，光滑不伤手，工艺精细。需要注意的是，在盛取热食时要当心烫手。

铠斯 Ti5302 便携户外餐勺

挪客乐行钛杯

CLS 户外露营餐具

1.10 求生哨

求生哨也叫救生哨、急救哨，是一种在户外活动时使用的哨子。

1.10.1　溯源明理

求生哨能够在紧急情况下达到求救效果并让使用者脱离险境，因此被广泛用于地震、火灾、防台风、防汛、地质灾害警告及户外求救等场合。

人们认为一般的口哨就能作为求生使用，其实不然。求生哨和其他哨子的不同主要在用途上，所以其在功能要求上是不一样的，它必须能够在特殊环境中使用。在突发或紧急情况下，尤其在人体力不足时，无论是老年人、小孩子，还是伤者、病人都能轻易吹响，并能够让救援人员听到，以达到被救助的目的。经研究证明，人耳对谐振频率附近的声音增益是很大的，增益最强的部分达到了10分贝，如果声压相同的1000赫兹和3000赫兹的声音传到人的耳朵，3000赫兹左右的声音是人在嘈杂的环境中最容易听到的，而3000赫兹正是属于高频。因此，求生哨首先要求是高频哨，其所发出声音的谐振频率必须经过国家相关权威机构检测，并且出具相关证书，证明其达到了3000赫兹。另外，国际救援用求生哨要求具备的条件是必须达到120分贝以上。

求生哨不一定在遇险的时候用，它同样可以作为联络、简单通信和方向定位的工具。正确使用求生哨会为我们在户外活动时提供更多的保障。

系在背包带上的求生哨

1.10.2 选购要点

材质

求生哨的材质和结构决定其是否能够保持长久和正常工作。如果哨身容易破裂，是坚决不能选用的。虽然铜哨、不锈钢哨、合金哨等比较坚硬，不易破裂，但因求生哨为了造就特定的频率和分贝，其发声结构比其他哨子的发生结构复杂，一般金属在工艺上很难做到，所以，最适合求生哨的材质是一种称为AS的塑料。这种材质的中文名称为苯乙烯–丙烯腈共聚物，比纯苯乙烯有更高的冲击强度和更优良的耐热性、耐油性、耐化学腐蚀性。

发声结构

特殊的发声结构才能造就特定的频率和分贝。求生哨包括哨体外壳、哨内腔及哨体外壳上设置的活动式圆盘、高速吹口、低速吹口及一个锐棱出口。高速吹口和低速吹口设置在哨内腔的上部，锐棱出口设置在哨体外壳上端、高速吹口和低速吹口与哨内腔交接处的上方，并且锐棱出口分别与高速吹口和低速吹口相连通；哨内腔下方壳体处有一个圆形凹体，且该凹体与上述活动式圆盘相对应，使圆盘卡扣在凹体内并与哨体外壳构成一体。正是因为求生哨采用了此结构，其产生的声音频率才能够达到3000赫兹、120分贝。

防水性

求生哨的防水性是指被水淹过或者掉进水里后再使用，不会对哨音的频率和分贝有任何影响。有核设计的哨子因为其内部有用于产生气流共鸣的圆球，而此圆球经灰尘、唾沫、水、油、化学剂等侵蚀后会导致哨子失声，所以一般求生哨的发声结构都采用无核设计。

功能

有些求生哨不仅能发出用来求救的3000赫兹、120分贝的哨音，而且集成了其他功能。比如一般的哨子只能发出单音频，而有的求生哨则发展为双音频、三音频，甚至四音频。有的求生哨还集成了打火石、照明的功能。使用者可根据自己的需求选择。

附件

哨身有连接挂绳的，有连接拉环的，更有设计成手镯式的。不管什么款式，首先连接处必须结实，不易断裂，其次挂绳、拉环等

旅行者手持求生哨

要耐磨、耐腐蚀。购买者在选购时也要注意这一点。

1.10.3　使用方法

吹求生哨要讲究技巧，吸足气，然后迅速吐气，声音才比较洪亮，而不是深吸气拼命吹，这样吹非常费体力。求生哨的正确吹法如下。

① 将哨嘴含入口中，用牙齿咬住哨嘴（注意要含正、含紧）。

② 用舌尖抵住哨嘴，这样做的目的是防止漏气，避免不必要的气体消耗，同时减少体力消耗。

③ 以一般的呼吸的力度进行吸气。

④ 快速均匀地吹气，同时快速缩回舌尖。

⑤ 在吹完一声结束时，快速将舌尖继续抵住哨嘴再吹第二声。

户外使用的求生哨

旅行者使用求生哨

1.10.4　代表产品

加加林户外求生哨经数字机床打磨切削，做工细腻，体积小巧，适合在户外求生和呼唤同伴，做联络工具使用。

奈特科尔NWS10求生哨由一整块TC4级钛合金精雕而成，免除螺栓和部件装配，体积小、重量轻、坚固耐用。双腔管设计，吹出的声音清脆响亮，可达到3000~4000赫兹、120分贝。

加加林户外求生哨

艾唯真SW20户外求生哨采用双筒设计，结构小巧。斜圆滑哨孔，音量可达80~150分贝。不锈钢哨管防尘防水，即使在恶劣环境中也能正常使用。

奈特科尔 NWS10 求生哨　　　　艾唯真 SW20 户外求生哨

(1.11) 指南/指北针

指南/指北针都是用于指示方向的工具。

1.11.1 溯源明理

指南/指北针是用以判别方位的一种简单仪器。指南针的前身是中国古代四大发明之一的司南，主要组成部分是一根装在轴上可以自由转动的磁针。磁针在地磁场作用下能保持在磁子午线的切线方向上，磁针的南极指向地理的南极，利用这一性能可以辨别方向，常用于航海、大地测量、旅行及军事等方面。不过，在军事上使用指南针必须配合军用地图，而军用地图有着清晰的北向指示，使用指北针测定

目标方位后，可以不经过换算，直接在地图上就能找到该目标的位置。于是，为了配合军用地图，军队所使用的辨别方向的装备也就被称为指北针。实际上指南针、指北针并没有本质上的区别。

在进行户外活动时，如果是在丛林、山地、戈壁、沙漠等环境，往往导航信号比较弱，如果没有指南/指北针，是很容易迷失方向的。

旅行者在户外使用指南针

1.11.2 选购要点

指南针的选购要点如下。

指南针主要分为液体型、干燥型以及电子型三大种类。

液体型指南针是由内部灌入的油或水分运作。它的液体成分可提升使用时的稳定度,不仅不易偏移,辨位时也更容易判断。但因为其内部的液体会随着温度产生黏性或冻结等质变,故不适合在冬季或高山等极寒处使用,建议选购时注意该产品的可用温度范围,以确保它能够正常发挥功用。

干燥型指南针内部并无液体,仅由一根细针结构让指针能自由转动。此类产品价格低、使用便捷,因此也是最常看到的指南针款式。不过它的稳定性比起液体型要差,容易因偏移而变得不太容易使用。

指南针表盘特写

电子型指南针是以内部探测器感应地磁场的方式运作,我们日常用的手机手表大多具备此种探测功能。其优点为画面明确易懂,但只要电量耗尽就无法继续使用,故不建议在无法充电或者无法更换电池的情况下长时间使用。

小知识:

指南针磁针南极指向地理的南极,而指北针的磁针则指向北极,故两者之间在使用时需要注意指向性。

1.11.3　使用方法

下面以指北针的使用方法为例进行介绍。

平面图上的指北针图例是帮助人们定位的,在使用的时候,首先找到指北针在图纸上的位置,然后根据"上北下南、左西右东"的原理将图纸摆成正确的方位,即可看懂朝向。

测量目标方位角时,必须使实际地点的北方与地图的方格北(地图指示北方)平行,然后用指北针的红色端对准目标地,读出目标与方格北的角度并校正地图的方位偏差角,即为目标方位角。

户外使用的指北针及地图

1.11.4　代表产品

挪客多功能户外指南针做工精细,使用方便,具备定向、放大镜、比例尺、刻度尺等功能。其指针定向灵敏,更有LED小灯搭配透明表盘使用,在漆黑的环境也清晰可见。

支援者62式指北针采用多功能表盘，集指北针、户外罗盘、坡度计、测地图两点间距、测方位角、反光镜求救等功能于一体，罗盘指针带夜光功能，在黑暗环境中仍能辨识方位。

凰一指南/指北针叮以全天候进行精准南北指向，具备定位、测偏向角、坡度、距离、高度等功能。内部表盘密闭防水，轻松适应各种户外环境，即使在零下30摄氏度的特殊环境下仍可正常工作。

挪客多功能户外指南针

支援者 62 式指北针

凰一指南 / 指北针

⌖ 1.12 对讲机

对讲机是在不需要任何网络支持的情况下就可以通话的一种通信工具。

1.12.1　溯源明理

手机是我们日常使用最为普遍的通信设备。在信号畅通时遇到危急情况，旅行者可以马上拿出手机通过电话、短信和通信软件等形式向亲人和朋友求救。甚至在野外没有明确地标的地方，通信软件的实时位置和位置分享、全球定位系统（GPS）也可以帮助我们。随着户外运动的普及，人们的活动地域往往是山峦峰谷或戈壁荒漠，在这些地区传统手机的通信功能基本是处于瘫痪状态的。而这时相对于手机来说，对讲机不仅能实现脱网通话，还能在多人之间灵活交流。

目前对讲机有三大类：模拟对讲机、数字对讲机、IP对讲机。

模拟对讲机是采用模拟通信技术设计的对讲机，也称为传统对讲机，它是将储存的信号调制到对讲机传输频率上。

数字对讲机是利用数字技术进行设计的对讲机。基本原理是先把模拟语音转换成数字信号，然后调制到射频上。

IP对讲机是指利用移动通信的数据通道，将话音数字化并进行压缩，然后经现有的公众移动数据网络发送出去，形成集群通信系统。

使用对讲机的旅行者

1.12.2　选购要点

对讲机频率一般分为U、V两段，因为频率不同，前者穿透力强，适合在山林、城市中使用，而后者则传播距离远，适合在空旷的海上、戈壁、平原等地区使用。户外地形复杂多变，在购买对讲机时，最好选择U、V双段的对讲机，以保证通信的质量，随时保持联络。另外，户外对对讲机的续航能力和三防（防尘、防水、防摔）也有比较高的要求，对于质量方面需要多做考虑，而不是一味地选择廉价的对讲机。在进行户外探险时，最好多准备一个备用电池。

露营时准备的对讲机

1.12.3　使用方法

配对

在使用对讲机时，首先就是将要通话的两部对讲机开机，然后将这两部对讲机的频率调成一致。在不关机的情况之下，任意一部对讲机讲话，在另一部对讲机就可以听到，就实现了两部对讲机的通话。

对讲

在使用对讲机和对方通话时，需要按住对讲机上面的通话按钮才能成功地将所说的话传送到对方的对讲机上。通话完毕后，松开通话按钮，等待对方回答。这时候如果对方有回复，就会在对讲机上听到对方的回复。音量可以在对讲机上面进行调节。

多人对讲

对讲机不仅可以两个人对讲，还可以实现多人对讲。多人对讲的使用方法和两人对讲的使用方法一样。也是将对讲机开机，将每个需要对讲的对讲机的频率调节到一致即可实现多人对讲。

对讲机上的显示界面

旅行者使用对讲机

1.12.4　代表产品

力盛T-850对讲机采用铝合金机身和PC+EBS材质外壳，防震耐摔。内置6800毫安锂电池，可连续使用48小时。配备的高性能芯片，具备语音报频、智能搜频、高级加密等功能，通信更方便。

万华手持迷你对讲机采用进口RF功率管以及加杆螺旋天线，使用距离和穿透力大幅度提升，性能更稳定。

宝锋UV-9R对讲机内置2200毫安聚合物电池，搭配软硬件低功耗设计，让对讲机续航能力更强，待机时间更长。宝锋UV-9R对讲机还配备LED强光手电功能，在黑暗环境中也能正常使用。

力盛 T-850 对讲机

万华手持迷你对讲机

宝锋 UV-9R 对讲机

第 2 章

登山装备

　　登山是指在特定要求下，运动员徒手或使用专门装备，从低海拔地形向高海拔山峰进行攀登的一项体育活动。登山运动可分为登山探险（也称高山探险）、竞技攀登（包括攀岩、攀冰等）和健身性登山。登山设备要适应登山运动的环境条件，在设计、选材、用料、制作上要尽量使其轻便、坚固、高效，并能一物多用。随着登山运动的发展和科学技术水平的不断提高，登山装备的质量和性能也在不断得到改善，这对提高登山运动的水平是非常必要的。

2.1 登山服

2.1.1 溯源明理

1950年5月，由法国登山家埃尔佐格带领的法国登山队攀登安娜普尔纳峰时装备了由他们首创的双层羽绒服，面料采用了聚酯纤维，能抵抗零下30摄氏度左右的严寒。他们把每个人的高山食品和装备的总质量压缩为1吨左右，相比第二次世界大战前的登山队，负重更轻。

进入20世纪70年代后，全球科技发展迅速，新材料、新产品层出不穷，特别是特殊化学材料的运用促成了登山运动的技术革命。

在海拔8000米以上的地带，零下30～40摄氏度的严寒，10级以上的高空风夹带着沙石的暴风雪……特殊的环境对登山服提出了特殊要求。登山服要求防水防风，保暖透气、耐磨性能要求也比较高。

现在户外运动中流行的着装分层概念是无数登山运动员在攀登高山中摸索出的经验。早期登山时冻伤事故频繁发生，人们开始针对此类问题进行研究。到20世纪70年代逐步形成了由排汗层、保温层和隔绝层构成的三层着装概念。

早期的登山服使用天然材料，但随着科技的发展，目前大多数登山服采用先进的人造材料，只有像羽绒这样极少数的有着无可替代的优越性能的自然材料被保存了下来。登山服对材料的苛刻要求，使得只有极少数的先进材料被用于现代登山服。

20世纪80年代是登山装备发展速度最快的年代。专利技术更加成熟、面料辅料日益完善、相应装备的标准出台等一系列条件促进登山服进入大发展阶段。到了21世纪，全球已有超过1500项与登山服相关的专利，新型纤维、混纺纤维等功能性织物层出不穷，科技进步使得21世纪的登山服提前进入功能时代。

身穿冬季登山服的户外旅行者

登山者结伴而行

2.1.2　选购要点

为了满足登山运动的需求，登山服的面料方面也有一定的性能标准，一种好的登山服面料应满足以下要求。

① 防水。登山可能会遇到恶劣天气，并且为了保持人体的干爽，有必要把身体与防水外层隔开，远离潮气。

② 透气。登山是一项体力耗费较大的运动，在登山的过程中会出很多汗，因此，登山服应选择透气性好、速干的面料。

③ 耐磨。在户外登山运动中，登山服的面料一定要具有较强的耐磨性、抗拉伸性以及抗撕裂性。

④ 保暖。户外登山风大，尤其是爬山的过程中，越往上爬越冷，因此，登山服的设计应具有良好的保暖性。

⑤ 轻便。笨重的登山服虽然保护性能更好，但给爬山者带来的压力也更大，因此，登山服面料一直在朝轻量化发展。

旅行爱好者在冬季登山

2.1.3　使用方法

当今国际上登山服的穿搭有一个通行的原则，那就是三层式穿法，其目的就是为人体提供保暖、保护和舒适三项功能。

第一层是里层，它的作用是维持皮肤表层温度及舒适，需贴身才能充分发挥保暖的功用，且不会造成过度摩擦。

第二层是中层，它的作用是为人体提供保暖功能。选择中间层服装时应注意调节性与方便性。

第三层是外层，它的作用是为人体提供隔绝冷、热、防风、防水的保护功能。应以方便活动、容易穿脱为原则。

旅行者正在登山

2.1.4　代表产品

北面5J5N冲锋衣采用纳米纺纱工艺，在保持面料整体防水性能的同时，更在织物的薄膜中添加了纳米级的孔隙，用以提供更为出色的防水透气性能，可满足各种运动的需求。

哥伦比亚奥米·热能防水三合一冲锋衣采用奥米·热能反射技术，银色金属铝点反射热能，提升保暖效果，隔绝外界寒温，有效锁住身体热量。奥米·热能防水三合一冲锋衣拥有良好的防水透气性和保护性，穿着不易感觉闷热湿冷，令身体保持干爽。

凯乐石KG2131502冲锋衣采用复合科技面料，轻盈灵便，排汗透气。其"热能矩阵"技术可以反射身体热能，增强体感温度，循环制热，升级保暖力。航空级除静电科技，导出静电，避免沾尘，加倍亲肤。

北面 5J5N 冲锋衣

哥伦比亚奥米·热能防水三合一冲锋衣

凯乐石 KG2131502 冲锋衣

2.2 登山鞋

登山鞋是专门为爬山和旅行而设计制造的鞋，非常适合户外运动。无论是徒步还是登山，拥有一双合适的户外登山鞋是非常必要的。

2.2.1 溯源明理

在阿尔卑斯山周边的国家，登山和户外运动是很多年轻人生活中必不可少的一部分，在这些山区的小镇上往往有许多生产和加工登山鞋的小作坊，以他们的手艺和自身对户外运动的了解生产出许多经典的登山鞋。绝大部分的著名登山鞋生产商都在法国、意大利和奥地利的阿尔卑斯山区的中小城市。

一双专业的登山鞋结构如下。

① 大底结构。主要由橡胶材料和机织碳素板构成，以便在攀登时敏感，正确度高，同时保证鞋底的硬度。

② 中底结构。由连体支撑或整体尼龙预成型内撑垫微孔减震缓冲材料构成，进一步增强鞋的坚硬稳固，保证具有足够的硬度。

③ 鞋垫结构。这是登山鞋的最后一层中底结构，主要为脚部提供足够的柔软舒适性。

④ 脚踝结构。这是一种为脚踝提供支撑保护的结构。多针对脚踝形状的不同规则来设计脚踝结构。所以专业登山鞋的外形结构多为高帮。

⑤ 鞋舌结构。登山鞋鞋舌内垫要高，要厚，更要紧贴脚面。鞋舌应不易移动，不错位，稳定自如，并且鞋舌开口足够大，穿脱自如。同时鞋舌的制造应采用整体折叠制作工艺。

⑥ 鞋带结构。鞋带结构主要有传统对称结构和不对称结构两种，前者注重美观，后者更注重鞋带与脚趾角度的配合。

⑦ 鞋面鞋形。舒适柔和又坚固的鞋面设计，会提供重量轻且耐磨并与脚形符合的构造，前脚掌空间余度合理，脚跟稳固牢靠。制造中尽量使用整体材料，提高设计上的优点，同时鞋缝的处理一定要根据鞋内所承受的压力，确保鞋面在压力下不变形。

旅行者在户外穿登山鞋

⑧ 大底纹路。专业登山鞋的大底纹路设计十分讲究。专业的登山鞋由于类型的不同，在大底纹路的设计上截然不同。当然还有另外一种情况，就是即使同属一个类型的登山鞋，由于设计的理念不同，造价不同，大底的纹路也会受到影响。也就是说，造价低廉时，只要防滑即可，大底纹路就不讲究精细了。

2.2.2 选购要点

相较于日常行走用鞋，穿着登山鞋通常是在背负较多的行李与长时间行走的情境下，因此选购正确的尺寸极为重要。每个人的脚型、各厂牌登山鞋的楦头各有不同，建议带着登山时预计穿着的厚袜一同前往试鞋，很多商家都会提供试鞋袜与丈量尺寸的工具，协助消费者选择最适合的尺寸。

小知识：

专业登山鞋的大底纹路设计遵循以下原则。

① 前后脚掌的前后边缘的纹路设计是为了更加牢固地抓紧地面和岩面。

② 后脚掌的中间纹路的主要作用是制动和有效推动行走。

③ 左右两侧纹路是用来防止侧滑的。

④ 大底的中间部分和脚后跟前部纹路是转向平衡制动区。

⑤ 大底纹路导排槽可高效地将雨雪、水分、泥沙导排出大底，进一步提高大底的防滑、减震缓冲作用。

初步选定几双鞋后，先体验鞋的楦头、鞋身包覆与鞋内空间等状况，也可请教销售人员正确的鞋带绑法，试着移动步伐，测试一下鞋的支撑性，或是向销售人员借用一定负重的背包装备一并做行走体验。在户外背着装备长时间行走是耐力的考验，登山鞋穿着舒适与否极为重要，在这个阶段多花时间确认登山鞋的舒适度是值得的。

不同的登山鞋鞋款其鞋帮高度与鞋底软硬度各有差异，这时就交由行程来判断。低帮或较为柔软的鞋底足以应对单日轻量行程或规划良好的人工步道。而对背负重装行走在复杂碎石陡坡、坚硬的岩场或充满湿气、泥泞的地形，这时就需选用包覆性较佳的中帮登山鞋来保护脚踝。鞋底的纹路也需纳入考量，除泥性与排水性佳的鞋底能提供更好的抓地力，让行走更加安稳。较硬的鞋底遇到小面积的踩踏点也能给予足够的支撑，降低脚底肌肉的疲劳度。

登山鞋鞋身材质不外乎是皮革或是纤维布料。皮革的材质能给予较好防护，缺点是鞋身略重，且需要花时间进行保养与维护。由人造纤维所打造的鞋身通常较轻且透气，但如果行走于灌木和杂草较多的山间小路，则鞋身较容易被钩破。

新购买的登山鞋不建议第一次穿就用于长距离旅行，建议开始长距离旅行前多找机会适应鞋，让鞋身材质更贴合脚型，找出适合穿着的袜子与鞋带绑法，尽量排除各种不适应的因素，才能走得自在且轻松。

高帮登山鞋

穿登山鞋的旅行者

2.2.3　使用方法

让鞋身透气

长时间使用后鞋身会残留部分湿气，这时候将鞋带取下，移除鞋垫，将鞋放在阴凉通风处来加速湿气的散发。距离下次使用前，至少需要静置于阴凉处24小时以上。

除去脏污

以软刷与清水进行刷洗即可除去皮革上的脏污，经清洗后皮革的毛细孔会打开，但这并不代表此时的鞋拥有良好的防水效果。

加强防水效果

在鞋身仍潮湿的情况下，使用防水喷雾剂来促进皮革毛孔的关闭，强化登山鞋的防水效果。在后续的皮革保养上，也能获得更好的效果。但要注意不要在密闭空间使用防水喷雾剂，必要时请戴上护目镜。

皮革上油

过于干燥的皮革会有脆化的问题，定期使用皮革保养油来滋润鞋身有其必要。少数皮革保养油可能会造成皮革暗淡。若不确定鞋身是否可使用皮革保养油，可以先于鞋身较不明显处进行小部分的测试。

轻刷鞋身

用鞋刷轻轻地均匀地将皮革保养油推至全鞋身，这个步骤可帮助皮革吸收保养油，恢复皮革状态。部分皮革保养油会让麂皮失去光泽，可以使用麂皮专用刷来梳整，恢复麂皮的光泽与柔顺感。

检查保养效果

定期清洁保养并加强防水效果。当水接触到鞋面呈现水珠的状态，这表示鞋的皮革发挥了最佳的效果，也代表了保养步骤是正确的。

旅行者穿登山鞋进行攀登

确保干燥、正确存放

湿气容易造成鞋发霉，完成清洁后请放置阴凉处干燥，确保完全干燥后再做收纳。可以使用鞋楦来维持鞋的外观，避免褶皱产生，也可放入报纸加强水汽吸收，但要定期更换，直到水汽完全去除，避免报纸发霉的情况产生。

2.2.4 代表产品

哥伦比亚YM1182011登山鞋采用奥米户外抓地技术，多方向凹槽功能区和多区域鞋面纹理确保获得真实的抓地力，加重包覆的耐用粗糙纹理半径。适合不同户外路面，有效提供稳定抓地力。

哥伦比亚 YM1182011 登山鞋

洛瓦L310945登山鞋甄选欧洲原产牛皮为原材料，可在透气舒适的前提下提高耐磨性。鞋头采用防撞设计，保护脚趾不受冲击。连体鞋舌，可有效阻挡沙石进入鞋内。洛瓦独家研发的户外鞋外置骨架科技，保证户外途中为足部提供良好支撑，减轻疲劳。

佧仑芙H5高帮登山鞋鞋面经过防泼水处理，可以适合户外多场景需要。鞋跟加厚，缓震释压，防穿刺，保护脚底。鞋底采用橡胶齿纹，防滑、减震。通过鞋带自由调节松紧，使脚与鞋身贴合包裹，有效防止沙尘。

洛瓦 L310945 登山鞋

佧仑芙 H5 高帮登山鞋

2.3 登山包

登山包是装带各种旅行物品的重要装备，是户外活动必不可少的。现在的登山包不仅限于登山使用，旅行、徒步或野外作业也可以使用。

2.3.1 溯源明理

人类早期攀登时并没有专门针对户外环境设计的背包，而是采用军用帆布包或生活用包。1895年，登山家菲利普·S.艾伯特在攀登中使用的就是一款帆布包，这类包并没有独特的设计。

随着登山运动的兴起，19世纪末20世纪初，一些工匠在传统帆布包的基础上开始进行技术改进。20世纪初，挪威人伯根利用钢管作为支撑，设计了一款中等容量的外架攀登帆布包。

1908年伯根品牌成立，1910年开始作为军事用途供给挪威军队，这也是早期登山爱好者选用的背包种类。

1920年，通过观察古老部落的智慧，北美洲户外运动行业之父劳埃德·纳尔逊在阿拉斯加的徒步旅行中获得灵感，从而改进了背包的外框架结构，使重量能更广泛地分散在人体背部。这是第一款现代意义上的外框架重装徒步背包。

1952年，登山者迪克·凯尔蒂对外框架式背包进行了彻底改革。至此，世界上第一款真正意义上的民用登山包诞生。

进入21世纪，登山包设计更加多元，在内架包代替外架包成为主流的同时，伴随技术攀登、攀岩、攀冰、短线徒步、越野跑等多种运动的兴盛，轻量和超轻量背包不断挑战着传统登山包的地位。为此，传统厂商开始寻求变革，不断降低登山包自重，简化登山包设计，推出轻量化产品。此外，对传统登山包的背负系统也在进行改革，前后平衡式背负系统就是典型代表。

与此同时，随着材料科学的进步，新型材料也开始运用于登山包，一些厂商开始采用实验性质材料，并利用互联网扩大影响。高强度的轻量化尼龙应用于登山包设计，更舒适、更轻量，是如今的主流。

总体来说，在传统登山包依然是主流的今天，轻量化为户外旅行者提供了更多的选择。

徒步登山的户外旅行者

登顶的攀登者

2.3.2　选购要点

根据装载物品的数量选择登山包的容积

如果出行时间较短，且不准备在户外宿营，携带物品不多，宜选中小容积的背包，一般25～45升就可以满足基本需要。这种登山包一般结构比较简单，不设外挂或较少设外挂，除了一个主袋外，通常设3～5个附袋，便于分类装载物品。若出行时间较长，或需携带露营装备，则要选一个大包，以50～70升为宜。若需装载物品很多或体积较大，可选80升+20升的大包，或外挂较多的登山包。

根据用途选择登山包的类型

同是登山包，其用途却不尽相同。如专门为攀岩活动设计的攀岩包，一般不设计硬支撑，主要是为了在运动中不影响身体随意弯曲，外挂点比较多，以利于挂坠器材，有的款式还专门装配了整理器材的垫布。而为骑行设计的自行车系列包，更多地注重了骑行特点，具体可分为背行包、驮包等。一般意义的登山包，也可称为野营背包，设计考虑了各种运动形式的特点和长途行军的需要，适用于登山、探险和林地穿越活动。还有专门为长途旅行设计的登山包，称其为多用包或子母包，其分体结构形式基本与一般登山包类同，可双肩背，上下分层，又类似于旅行箱，揭盖式开口，可单肩背，也可横、竖提行，可分可合，使用方便，很受出差者欢迎。总之，各类登山包都有其独特的适用范围，购包最佳选择是专包专用。

根据身体选用背负系统的尺码

登山包的背负系统都有特定的适用范围，可调式登山包虽适用范围较大，也不是无限制的，所以，选登山包时选好背负系统的尺码非常重要。一般来说登山包的腰部受力点应在尾骨上方的腰窝上，肩带的支点应大体与肩平略低于肩部，这样才便于受力带的调整和受力，背起来才舒服。而背部尺码过大会产生下坠感，反之则会有上纵感，使腰部受力不到位。合适尺码的登山包调整好后，登山包会自然贴在背上，很舒适。

根据制造材料选用登山包的结实度

许多人在选择登山包时，往往比较注意登山包的颜色和外形，其实登山包能否结实耐用关键在于制造材料。从织带上看，普通的织带和优质织带价格可差3～5倍，两种面料从强度和耐磨度上都有很大差异。在摩擦机上对面料进行破坏性试验，同为500D面料，普通尼龙布1075转时破损，而杜邦尼龙布却在3605转时才破损，其耐磨度为普通尼龙的3倍左右。市场中的名牌登山包在用料上都比较考究，性能和质量也都比较好。

根据结构和设计来判断登山包的性能

登山包具有良好的性能，重要的因素在于它的设计结构科学合理。良好的设计不仅给旅行者带来整体的美观性，更重要的是可以使旅行者在使用中得到卓越性能的享受。

背着登山包的旅行者们

2.3.3　使用方法

一般在登山的时候，需要将登山包的重心移到上部；徒步的时候将登山包的重心移到中部；在背内架包时需要身体向前微倾，这也是内架包的缺陷所在，身体长时间微倾会让人感觉很累，一般可以通过调整装备的填充方式和顺序来解决或者缓解这个问题。

使用登山包时，需要根据不同的项目使用不同的装备填装顺序。正常情况下，填装顺序应该是从上到下，依次是食物、淡水、较重装备、较轻装备、睡袋、衣物等。

另外，在填装登山包里面的装备时，还有一些小技巧需要注意。例如一些比较重的装备应该尽量放在登山包的顶部，且紧贴背部，这类装备有气炉、营地灯、炊具等。这种填充方法可以让登山包的重心靠上，重心提高了，就可以使旅行者挺直腰背。

攀岩爱好者整理登山包

2.3.4　代表产品

派格400232双肩登山包采用55升户外大容量，肩带上有快速调节扣具和弹性袋，可放置水壶、毛巾等物品。登山包底部的压缩织带可用于固定帐篷或防潮垫。

OSPREY KESTREL小鹰户外登山包采用空景背负系统，负载由肩颈转移至臀腿，徒步体验更轻松。外置独立水袋仓，方便拿取水袋。正面可扩展收纳空间，腰包侧袋方便收纳常用物品。

牧高笛65L户外登山包的背负板呈现人体工学曲线以贴合人体背部，减轻背负压力。内衬、PP胶板和背负外框支架均可拆卸。采用人体工学肩带，立体裁剪，加厚缓冲层，3D透气网布，有效分散肩部压力。适合徒步、越野、登山，能承载全天所需装备。

派格 400232 双肩登山包　　OSPREY KESTREL 小鹰户外登山包　　牧高笛 65L 户外登山包

2.4 登山绳

登山绳无论在历史上还是如今的登山运动中都属于重要的装备。上升、下降和保护等各项登山技术都是以登山绳为中心展开的。铁锁、安全带等众多的登山用品也只有和登山绳联系在一起时才能发挥作用。

2.4.1　溯源明理

早在20世纪初，登山绳就已在海上作业中广泛使用。第一批登山绳由天然纤维制成，通常是大麻、马尼拉麻、西沙尔麻，用它们捆成三或四小捆，然后拧在一起或彼此环绕在一起。最早的这些绳子大多属于静力绳，只有很小的延展性，并且质地很脆弱，也没有什么科技含量。

直到1930年出现了动力绳，绳子在攀登中的重要性从此开始大大提升，冲坠给攀登者带来的冲击力也大大地降低了。这一重要发明使得攀登者可以不断地挑战极限，且从容地应对冲坠的发生，从此宣告了现代攀登运动的开始。

第二次世界大战结束后，由于用于绳子的天然纤维的供应大大短缺，一种新型的人造聚酰胺纤维出现了，也就是现在所说的尼龙。这种用尼龙制成的绳子重量很轻并且很结实，延展性的增大在很大程度上减少了冲击力。此后，这种绳子在登山探险中逐渐成为主流，受到广大登山者的青睐。

1951年，德国爱德瑞德公司（德国攀登器材品牌）建议在外表皮的保护下，用绳子的内芯来承载核心的力量。这种绳子的出现解决了许多旧绳子的问题，最终演变成了今天人们使用的登山绳。此后，登山绳在拉力、弹性、摩擦力、使用舒适度等多方面不断向高科技领域迈进。

现代登山绳主要有两种类型：动力绳和静力绳。动力绳的设计目的是延伸以吸收坠落的攀岩者的冲击力。静力绳的伸展性很小，使得它们在下降、上升或牵引重物等情况下非常有效。

动力绳单绳的名称表示绳索是为单根使用而设计的，而不是与其他绳索一起使用的，最适合传统攀岩、竞技攀岩、大岩壁攀登和顶绳攀登。单绳有许多不同的直径和长度，使其适用于广泛的攀爬训练，并且通常比双绳系统更容易操作。

动力绳半绳的设计和测试仅针对两根完全一样的绳索配对使用的情况。用半绳攀岩时，需要同时用两根绳子。当使用者上升时，把一根绳子挂入左边的保护挂点，另一根绳子挂入右边的保护挂点。如果操作正确，这将允许绳索平行和垂直运行，从而减少绳索在攀爬路线上的阻力。

动力绳双绳与半绳类似，双绳也是一个由两根绳索组成的系统。然而对于双绳，如果总是将两股绳索挂入同一个保护点，就像用单绳一样，这意味着双绳的阻力比半绳更大，这使得双绳成为非游走型路线的一个很好的选择。另外，双绳往往比半绳细一些，这使得整个系统更轻，体积更小。

静力绳最适合用于救援工作、探洞、上升下降、牵引负荷等。静力绳在使用者不想让绳索有太大延伸的情况下尤其有效，比如当使用者下放受伤的攀岩

小知识：

切勿使用静力绳进行顶绳攀登或者先锋攀登，因为其设计、测试或认证不适用于这些类型的负载。

登山者正在系登山绳

登山者使用登山绳攀登

者、沿绳索上升或者用绳索把重物拉上来等情况。

2.4.2 选购要点

选购登山绳，有四个主要考虑因素。

① 绳索类型。动力绳单绳、动力绳半绳、动力绳双绳和静力绳之间的选择取决于将要进行的攀爬类型。

② 直径和长度。绳索的直径和长度影响其重量及耐久性，在很大程度上决定了其最佳用途。

③ 绳索特征。干燥处理和中点标记等特征会影响绳索的使用方式。

④ 攀登难度等级。在考虑要进行的攀爬类型时，查看UIAA（国际登山联合会）等级系统可以帮助我们选择合适的绳索。

登山者正在使用登山绳

2.4.3 使用方法

登山绳有多种打结方法，以下介绍常见的几种登山绳系法。

① 半结加双渔人结。此方法是用来连接两条绳最好的选择，因为它在承受重量后比较容易解开。

② 双渔人结。这种结最适合连接绳圈或是常置（不常解开）的绳子，因为它在承受重量后比较难以解开。

③ 双套结。这种结很容易

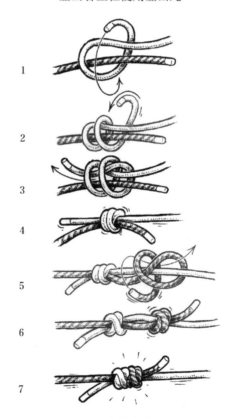

双渔人结系法

打结及调整，很适合固定点的架设。

④ 拖吊结。这是一种可限制绳索只做单一方面移动的绳结，适合用来拖吊一些不太重的物体。

⑤ 意大利半结。这种结搭配梨形主锁相当于一个简易保护或下降器。意大利半结操作简单，效率高，常用作顶绳在登山时起保护使用，必要时也可以用于下降。需要注意的是，意大利半结并不是一种闭合的绳结，它必须有锁具配合才能完成。

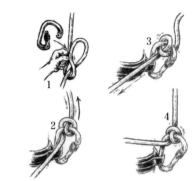

意大利半结系法

⑥ 蝴蝶结。这是一种很好的结，常打在绳子的中央，用于横渡冰河之用。

⑦ 水结。水结打在主绳上。虽然它又名为欧洲死结，不过有很多攀登者喜欢用它来连接两条下降绳，因为它受力时不像其他绳结一样会卡得死死的，不过水结打好后必须留10厘米左右的绳头。

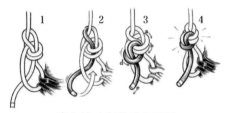

称人结（布林结）系法

⑧ 称人结（布林结）。这种结被称为"绳结之王"，常打在安全吊带上。单纯的称人结并不能使用，必须加上一个单结才能使用。

⑨ 止索结。这是一种防止从圆形孔洞中滑脱而打的绳结，它常打在绳子的末端以防在攀登时下降发生意外。止索结一般都会卡在下降器中，不过8字环除外。

⑩ 8字环结。这是最受欢迎的绳结，常用在连接吊带上。

8字环结的登山绳

2.4.4 代表产品

凯玛仕户外登山绳采用高强度涤纶材质，内部为9根高强内芯。触感柔软平滑，浑圆紧密，就算频繁摩擦也不会起球。除了用作登山绳外，户外露营时还可用它帮助帐篷固定。

阿尔纳斯AL-S9838户外登山绳区别于传统的单一花色登山绳，采用混色工艺，承重力强，可用作登山、捆绑、编织、搭帐篷、救援等多种用途。

九头鸟GD-DSS 8毫米登山绳采用化学纤维丝精密编制而成。内置钢丝，2毫米钢丝分3股，每股7根，共21根钢丝形成强劲拉力，使用寿命可达10年之久。

凯玛仕户外登山绳

阿尔纳斯 AL-S9838 户外登山绳

九头鸟 GD-DSS 登山绳

2.5 登山杖

登山杖是从事登山运动时使用的辅助器械，学会正确使用登山杖是非常有必要的，除了可以有效保护膝盖外，还可以减轻大约30%的负重，让登山者行走更轻松惬意，更好地享受大自然带来的乐趣。

2.5.1 溯源明理

登山杖的使用其实从很早以前就已经开始了，只是那时人们都把它称为"手杖"或"拐杖"。在早期登山时，拐杖通常被视为年长者的专利。一直到近几年登山杖的使用方法更为多样后，才为户外爱好者所喜爱。

根据研究，行走时使用登山杖可以在运动中给人们带来很多的好处，如：

① 降低对膝关节30%的压力，充分保护膝部；

② 提高步行的稳定性，保持身体平衡，避免运动伤害；

③ 提高身体的动作幅度和频率，提升步行速度；

④ 均匀锻炼全身肌肉，保护腰部和脊椎；

⑤ 降低30%左右的体能消耗；

⑥ 可以当遮雨或遮阳棚的支架；

⑦ 遇到野生动物可以用于自我防卫等。

登山杖按材质可分为碳纤维登山杖、钛合金登山杖、铝合金登山杖、木质登山杖；按节数分为四节登山杖、三节登山杖、两节登山杖、一节登山杖；按手柄形状分为直柄登山杖、T柄登山杖、斜柄登山杖。

旅行者在夏季使用登山杖　　　　　　　　各种登山杖

2.5.2　选购要点

检查锁紧

将登山杖各节锁紧，并全力下压以确定它不会崩断、锁紧系统能够承重。

系上腕带

系上腕带后来回摆荡登山杖，如果腕带会磨伤手腕，再继续选择合适的登山杖。腕带最好选择偏软的，并具有一些弹性，可以简单地调整到需要的牢固程度，不容易脱落。

选择手柄

采用软木和泡棉手柄的登山杖，通常是手掌容易出汗或经常在雨天中徒步的人士的首选，因为这些材料即便是湿了，也有比较好的摩擦力。橡胶、塑料等材料的手柄，湿的时候会比较滑，手感也不是特别好，但耐用、强度好。如果使用者的手掌容易出汗，应避免用塑料的握把，因为它们容易滑出手掌。软木或泡棉的手柄最好抓。在寒冷的天气中泡棉的手柄摸起来比软木、塑料、木头或橡胶制的手柄更温暖。

选择材质

铝合金登山杖坚固、轻便、便宜，大部分厂商生产的登山杖都采用铝合金材料。对于品质要求较高的人，可选择碳纤维或钛合金制成的较轻的新型手杖。

碳纤维像铝合金一样坚固，但是更轻一些，价格比较昂贵。钛合金更轻，但价格更昂贵。用碳纤维和钛合金制造的登山杖直径都比较小，在使用过程中会更加轻便灵活。

旅行者正在使用登山杖

选择节数

首先根据活动的强度来选择，手杖节数越多，相对应的承重能力越低。进行休闲活动时，最突出的就是方便携带，所以以四节杖为首选，当活动有一定强度时，宜选择三节杖，以保证安全。

2.5.3 使用方法

根据具体地形调整登山杖的长度

在平地上站定，手持登山杖，手臂自然下垂，以手肘为支点，抬起前臂，使前臂与地面平行，与上臂成直角，这时手握登山杖，杖尖向下垂直与地面接触的长度就是平地上使用登山杖的正确长度。再将两根登山杖调整到相同长度，将各节锁紧即可。

相对平地徒步而言，走坡度较大的上坡路，需要将登山杖的长度缩短一点，具体根据坡度而定。手臂带动登山杖放置在身体的前方或者上方，然后用腕带支撑身体往上行走，这样可以有效减轻腿部的承重，必要时可以同时利用两个登山杖来做爬升的动作，这个时候手掌可以用力握住手柄以增加力道。

走下坡路时，应将登山杖的长度调整至比平路行走的正常长度略长，具体根据实际情况而定。由于下坡时对膝关节的冲击力很大，这时可利用登山杖来减轻负荷。在向下迈步时先将登山杖插入身体的前方，且必须要比前脚先着地才能起到分担力量的作用。

使用登山杖的旅行者们

腕带的使用

首先，调整腕带至合适的长度，把手从腕带环中穿入，再将腕带压在手掌之中，然后轻轻握住把手即可，而不是紧紧地抓着把手施力。如果腕带长度不合适则再进行调整。

虎口轻轻握住手柄，登山杖可以像钟摆一样前后摆动，有腕带作为连接，根本无需紧紧握住，也不用担心登山杖会掉下，即便长时间使用登山杖，也不会认为它是负担。

登山杖腕带使用方法示意

2.5.4 代表产品

黑钻112514-1伸缩登山杖采用良好的材质制作，具有通用性和可收缩性。碳纤维构造杖身，经久耐用，舒适，坚固结实，便于携带出行，适于四季使用。

LEKI至尊Z杖特有的阿尔贡握把，集成角度技术，贴合人体构造，抓握舒适度高。高强度碳纤维杖身防止断裂，承载力强。杖尖采用碳钨钢材质，耐磨性强，最大可接受30度的倾角，有效避免杖尖折断。

　　探路者TEKK80741登山杖杖身采用碳纤维+铝合金材质，防滑手柄+360度腕带，可提高步行稳定性。采用三节伸缩外锁，满足户外需求。

黑钻 112514-1 伸缩登山杖　　　LEKI 至尊 Z 杖　　　探路者 TEKK80741 登山杖

2.6 冰爪

　　冬季，许多户外和极限爱好运动者也会开始攀登高山的征程，面对光滑的冰雪地面和复杂具有挑战的地形，选择一款适合自己的冰爪是一件很重要的事情，甚至关乎个人安危。

2.6.1　溯源明理

　　冰爪由金属制成并且带有尖齿，在行走或攀登的时候借助自身重量，利用尖齿扎到雪地或冰面增加抓地力，起到固定自己并防止打滑的作用。最早的冰爪可以追溯到16世纪，那时欧洲的猎人需要到冰雪覆盖的深山打猎，人们便发明了穿在前脚掌的4齿简易冰爪。

　　1908年，英国人奥斯卡·艾肯施坦发明了10齿冰爪，这大大减少了登山时砍劈台阶的工作。1910年，意大利人亨利将他的设计通过商业渠道广泛推广。1932年，亨利的儿子在此冰爪的基础上发明了两个前齿。从此，登山者攀登陡峭的冰壁变为现实。

　　1938年，德国人和奥地利人使用装有前齿的冰爪首登了瑞士的艾格尔峰，攀登中冰爪大大提高了他们的攀登效率，使用前齿的"德式技术"随之产生。

　　1967年，美国人伊冯·乔伊纳德又发明了强度更大的钢式一体冰爪。2001年，在攀冰世界杯比赛中，运动员使用并展示了冰爪与鞋合为一体的超轻型装备（一体式攀冰靴），并配有后跟尾刺。至此，冰爪进入了一个全新的时代。

冰爪按固定方式分为系带式（绑式）、全卡式和前绑后卡式。现在的大多数卡式冰爪为了保险起见也增加了后备的绑带。

冰爪从结构上分有硬式、半硬式和软式。现代的冰爪都是由高性能的合金钢制成的。硬式冰爪的框架一般由竖直的钢片制成，水平方向无法弯曲；半硬爪一般采用水平方向的钢片，在受力的情况下，可以稍微形变，以适合鞋底的形状；软式冰爪则是完全可以随着鞋底弯曲的。

雪地中的冰爪

使用冰爪攀冰的户外旅行者

2.6.2　选购要点

通常选购冰爪主要看三个方面。

第一是金属自身材质。冰爪应该选择质地硬、韧性高的钢材制作。如果质地不够坚硬，则冰爪的尖头很快就会变圆而失去刺冰的能力，有些钢材虽然坚硬但是很脆，这种冰爪在不小心踩踏到石头而容易折断。

第二是注意冰爪齿的数量。通常冰爪齿数从4～14齿不等，齿数越多则冰爪能够应对的路面越复杂。通常不建议购买6齿以下的冰爪，这类冰爪通常选用的钢材并不是很好，而且6齿以下的冰爪在使用过程中，固定性和爬坡能力方面表现不佳。

第三是针对10齿以上有前齿的冰爪而言，这种冰爪分立齿和平齿两类：立齿冰爪是为了攀登垂直或近乎垂直的冰壁而设计的；平齿是为了平地行走而设计的，偶尔也可以用来攀登。

理想的冰爪应该在不使用绑带的情况下，能够轻松地套在靴子上而不脱落。但有些冰爪的设计却并不适合部分登山靴。因此，最好先试穿几双再决定是否购买。大部分的冰爪设计有所不同，注意检查买来的冰爪是否带有使用指南。如果没有，最好在户外店里让店员先做个示范。在进行登山穿越前，一定要在出发前仔细调节好冰爪。建议多做几次练习。因为在寒冷环境下，手指并不会像平日里那么灵活。

脚穿冰爪的攀登者

2.6.3　使用方法

① 冰爪大小的调节，主要是通过调节冰爪的孔位来完成的。连接冰爪前后脚掌部分的调节铁片，拥有密布的孔位，以适合不同大小的鞋。

② 调节完大小后，将鞋踏入冰爪中，然后拉紧束带。将束带依次穿过鞋的前面和侧面的扣环，然后拉紧、反扣。

③ 将多余的束带收起来，不要留出过多的束带，否则会影响冰爪的使用。

旅行者在雪地中穿冰爪

2.6.4　代表产品

海岩户外8齿防滑冰爪采用橡胶材质制作，韧性好、弹性大，耐磨耐用。8颗钢齿一体成形，分布均匀，增加抓地力，防止侧滑。适合在冰雪光滑路面以及户外徒步、登山时使用。

公狼12齿防滑冰爪采用不锈钢焊接链条,经久耐用。加厚橡胶材质,弹性大、韧性强,不易脱落,适合任何鞋型。该款冰爪适于冰面、草地等环境,适合户外登山穿越,也适合冰雪天气室外使用。

黑钻BD户外冰爪为快速轻量活动而设计,具有良好的打包性。前脚掌配置6根不锈钢钉齿,带来出色的强度和耐久性。脚跟处采用弹性固定条,带来稳定而牢靠的合脚性,同时保持轻量。

海岩户外 8 齿防滑冰爪

公狼 12 齿防滑冰爪

黑钻 BD 户外冰爪

(2.7) 冰镐

冰镐是一种凿冰的工具,是用途非常广泛的登山装备之一。

2.7.1　溯源明理

冰镐在攀登中是人体肢体的延伸,在雪线以下,冰镐可以作为上下山的手杖;在冰雪坡行走中,冰镐可以维持攀登者的平衡,甚至作为攀登的保护点;在冰壁、混合地形中,经过技术改进的冰镐可以作为攀登的支点。

最初的冰镐诞生于1840年,镐头由斧刃和镐尖两部分组成。它主要是用来修路的,在冰雪坡上砍出台阶以弥补冰爪技术的缺失。20世纪早期,随着冰爪的广泛使用,冰镐逐渐开始采用更接近"现代化"的造型。如今我们使用的冰镐主要分为镐头和镐柄两部分。

登山中常用的长冰镐的镐尖一般向下弯曲,在挥动冰镐或自我制动时容易进入冰面,不易脱出;攀冰中一般使用无弯曲和反向弯曲的镐尖,有利于陡峭地形中冰镐镐尖插入冰面，并且容易取出。镐尖越薄，尖端越锋利，越容易插入冰面而少破坏冰层，但是镐尖强度就相应降低，容易损坏。

冰镐的铲头一般用于冰雪地形中的砍劈台阶，在保护点设置时（冰雪锥）去除表面的松雪和腐冰。

镐柄材料一般为金属、纤维等，登山用长短冰镐一般为直把，将冰镐插入冰雪中可以作为攀登的固定保护点；攀冰中为了适应特殊地形，如鼓包、俯角、屋檐地形，可以针对冰镐的挥动和砍入，设计出很多不同弯曲形状的镐柄。镐柄的柄尖在行走中插入冰雪坡或碎石坡上，可以借此维持身体的平衡，但必须经常保持镐尖的锋利。

使用冰镐的攀冰者

在行进或攀登中，如果冰镐遗失，攀登者就失去了一个重要的安全保障和攀登的工具，严重的会导致攀登失败或出现危险。腕带的出现解决了这个问题。在登山中还通过腕带将冰镐和身体连接在一起，有利于攀登过程中改变行进方向时冰镐的换手。在攀冰中，由于人的抓握力是有限的，手掌、小臂很容易疲劳而抓不住冰镐，腕带可以起到支撑的作用而使手掌与小臂得到休息，甚至很多时候，通过腕带和安全带的连接可使全身得到休息。

固定在登山包一侧的冰镐

2.7.2 选购要点

冰镐因款式和用途不同，使得镐尖形状、镐柄弯曲程度等都有所不同。不过人体上可分为长冰镐和短冰镐两种。长冰镐一般为直镐柄，长度为60~90厘米，适合在缓坡度地形行走。短冰镐可以是直镐柄也可以是弯镐柄，长度在60厘米以下，在攀登陡坡时更适用。

进行攀冰的攀登者们

2.7.3 使用方法

在登山时，根据地形的不同，冰镐有多种使用方法。在雪线以下，可以手持镐头中部，镐尖朝后，当作手杖使用；在冰雪坡行走中，可以帮助攀登者保持平衡；在冰壁和混合地形中，经过改进的冰镐可以当作攀登的支点使用。

手持冰镐的攀冰者

借助冰镐攀登的户外旅行者

2.7.4 代表产品

黑钻BD户外攀冰冰镐是一款易于挥动的全能型技术冰镐。镐身采用液压成形，一直延伸穿过手柄部位，以提升响应灵敏感，增加刚性。该冰镐采用通用化设计，可满足冬季攀登的不同需求。

　　PETZL QUARK技术攀冰冰镐是一款多功能冰镐，用于技术登山和攀冰。该冰镐采用完全模块化设计，可轻松适应各种技术型地形，例如沟壑、冰川等。双材料镐柄可提供良好的抓地力，同时又能防寒，更加便于操作。

　　凯乐石 Altius技术冰镐是用途广泛的轻量化技术型登山冰镐，反弧镐尖配以弯曲的镐身适合攀登较陡的地形。该冰镐采用整合式镐头设计，可更换镐尖、铲头和锤头。镐头挂孔易于扣入主锁。镐柄便于抓握，增大使用时的摩擦力。

黑钻 BD 户外攀冰冰镐

PETZL QUARK 技术攀冰冰镐

凯乐石 Altius 技术冰镐

第 3 章
滑雪装备

　　滑雪是指利用滑雪板在雪地滑行的一种活动，最初是为了便于冬季在雪地中出行，后来逐渐演变成一种冬季运动项目。随着人民生活水平的提高，以及滑雪本身所具有的刺激性和强身健体的功能，滑雪运动在近几年逐渐褪去"贵族运动"的外衣，成为一项深受广大民众喜爱的运动。

⌒3.1 滑雪服

滑雪服是冬季进行滑雪运动时所穿的服装。滑雪服的功能主要是防水、防风、透气、防寒保暖等，这些功能主要通过面料和合理的结构设计实现。

3.1.1 溯源明理

在人类史前时期就出现了雪橇，在比较寒冷的俄国、瑞典以及挪威，当时雪橇被作为四处行走的工具，久而久之在这些寒冷的国家，在雪地滑行逐渐演变成了男女老少都热衷的一项运动。当时的滑雪服还没有固定的样式，对于"雪服"的要求只是保暖和舒适。

20世纪初期，滑雪服基本上还是以日常服装为主，简洁利落。平日喜欢穿着短裙的女性，在滑雪时也要穿着长裤和防风夹克。从30年代开始，滑雪服开始融入时尚元素，也更加具有设计感。用来滑雪的服装增加了收身剪裁的上衣，裤子也以阔腿裤为主。这个阶段偶尔还可以看到女性穿着裙装去滑雪的造型照片。

20世纪50年代，人们开始将冬日主题的棒针毛衣当作滑雪服，同时为了保暖，毛衣往往会被扎进腰里，这种穿法现在看来也不过时。70年代时真正出现了滑雪服的概念，成套的滑雪服开始大规模普及，设计感十足的连体滑雪服也已出现。随着越来越多的人投身到滑雪中，新型的莱卡弹性面料被运用到滑雪服上。

20世纪80年代之后，滑雪服的风格开始以荧光色为主，采用大色块拼接的宽松设计，而如今大行其道的是纯色简约样式。现在的滑雪服不仅抗寒，更符合冬季运动的实际需求，除了时尚之外更多的是功能上的突破，色彩上也能满足不同人的喜好。

滑雪服的结构包括剪裁、填充料、领口、袖口、拉链等设计。滑雪服面料一般以GORE-TEX和尼龙材质为主，GORE-TEX面料的滑雪服具有良好的防水性能和排汗能力，深受滑雪者喜爱。

颜色鲜艳的滑雪服在雪中格外醒目

3.1.2 选购要点

选择滑雪服时，首先不能选择太过紧身的服装，因为那样会限制滑行动作。对于初学者，穿连体滑雪服较分体滑雪服滑行更为方便。如果没有连体滑雪服，一副腈纶棉织成的有弹性的长筒护膝、一副宽条护腕外加一条围巾也可以防止进雪。

从颜色上看，最好选择能与白色形成较大反差的红色、橙黄色、天蓝色或多种颜色搭配的醒目色调，这样是为了给其他滑雪者提供醒目的标志，以避免碰撞事故的发生。最好不要穿全白色的滑雪服，避免在发生意外情况时影响救援。

滑雪服的开口以大拉链为主，这样戴手套时也可以方便操作。滑雪服要有若干个开启方便的大兜，以便将一些常用的滑雪用品分门别类地装入其中，方便使用。由于经常需要用手去整理滑雪器材和持握雪杖滑行，所以滑雪手套要宽大，要选择五指分开的。手套腕口要长，最好能将袖口罩住，如能有松紧带封口，就能有效地防止进雪。

在选择贴身内衣时，最好不穿棉制内衣，可以贴身穿一件带网眼的尼龙背心，然后在外面套上一件弹力棉背心，这样身体排出的汗液会透过尼龙背心吸附到弹力背心上，不会产生寒冷的感觉。如果经济条件允许，还可以选一件丝普纶材料制成的内衣，这种材料本身不吸水，外层是棉制品，可将汗液吸附在棉制品上，效果非常好。

滑雪爱好者正在滑雪

准备进行滑雪的滑雪爱好者

3.1.3 使用方法

在滑雪时一般采用三层穿衣法。第一层为打底速干层，第二层为中间保温层，第三层为防水防风外壳层。这三层衣物各自发挥着重要功效。

如果遇到比较温暖的风雪天，可以将中间保温层脱掉，只穿打底速干层和

滑雪爱好者进行特技表演

防水防风外壳层。而对于经验较为丰富的滑雪者来说，如果天气较冷但无风雪，且没什么起风或下雪的预兆，只穿打底速干层和中间保温层滑雪也未尝不可。除了减少某一层衣物外，也可以在极冷的天气下多穿一层中间保温层，但内层和外层的衣物不变。

3.1.4　代表产品

伯希和PE211040303滑雪服内里填充高品质新雪丽棉，轻量、柔软、蓬松，可形成密集空气囊，可快速聚热锁住温暖，隔绝寒冷。面料选用特氟纶科技面料，防水、防油、防污，便于清洁。接缝处压胶防渗水，保护内里干爽，持久耐用。

伯希和 PE211040303 滑雪服　　伯希和 PE212740302 滑雪服

伯希和PE212740302滑雪服面料采用纳米级分子材料制作，由一层比水滴分子小、比空气分子大的微孔薄膜复合在外面料上组成，具有透气防水的性能，阻挡雨水的同时可以散发汗气。

哥伦比亚WR0635滑雪服采用奥米·热能反射技术，银色金属铝点反射

哥伦比亚 WR0635 滑雪服

热能，提升保暖效果，隔绝外界寒温，有效锁住身体热量。奥米·防水技术在防止水分渗入的同时帮助排出湿气，适用于多变复杂的户外环境。

⟋③.2 滑雪靴

滑雪是一项速度很快的运动，技术动作主要靠脚来完成，因此一双合适的滑雪靴非常重要。

3.2.1　溯源明理

北欧位于北极圈附近，冬季十分漫长，由于是海洋性气候，北欧的冬天普遍降雪量很大，地表长时间覆盖着厚厚的积雪。当地居民为了生存，需要在雪地里长途跋涉，而一般的步行和车载的交通方式，因冰滑雪陷而举步维艰。于是，在与大自然长期的抗争之中，人们发明了滑雪靴。

红色高山滑雪靴

现代滑雪靴一般分为高山靴、越野靴、跳台靴和单板靴等。

高山靴一般由内外两部分构成，外壳由塑料或ASS注塑而成，较硬且不易变形，内层由化纤织物和保温材料组成。靴的踝关节角度和靴的肥瘦等可根据需要进行调节，具有保护功能。

越野滑雪靴

越野靴一般分为尼龙和皮革制品，靴帮较矮，穿着更轻便。

跳台靴一般用皮革制成，靴帮较高且前倾大，有利于运动员跳跃和空中飞行前倾姿势。

单板靴分为硬靴和软靴两种。硬靴与高山靴非常相似，现在几乎只用在少数竞技比赛中。近年来更推崇软靴。

跳台滑雪靴

单板靴

3.2.2　选购要点

如果是初学者，应选择轻便、灵活、富有弹性、保暖合脚及防水的滑雪靴，它的可操纵余地较大。最好选择靴筒较低的短靴，以免影响足踝的屈转。而技术好的滑雪者，可选择能将脚与滑雪靴紧紧连为一体的产品，使滑雪者任何一点微小的重力变化都能通过滑雪靴传递到滑雪板上，以提高滑雪者对滑行姿态的控制能力。

滑雪靴特写

3.2.3　使用方法

第一步

穿滑雪靴前先穿上长筒袜。穿长筒袜的好处是不仅可以保暖，还因为袜子修身的效果，让滑雪靴的穿脱更加方便，重要的是滑雪靴是中筒的高度，穿长筒袜也是为了避免在滑雪的过程中有太多的雪粒吹进滑雪靴里，让脚部降温太快。

第二步

把脚穿进滑雪靴里，注意把滑雪靴的鞋舌打开到最大限度，让脚能自如地穿进去。因为滑雪靴的防护设置比较多，因而滑雪靴也是厚重且硬挺的，这样的设置能很好地保护脚踝部位不受伤，也不易受外力碰撞而导致受伤。

第三步

脚穿进滑雪靴以后就扣上锁扣，这个锁扣是和弹力带连接在一起的，向下按下锁扣，弹力带就自然收紧了。

第四步

脚腕部分的收紧步骤是靠粘贴鞋带来完成的，把鞋带穿进去，用魔术贴固定收紧即可。滑雪靴的鞋带是可以调节松紧的，因为每个人脚腕的粗细不一样，这样的设计更方便针对每个人进行细节的调整，让滑雪靴牢牢地固定在脚上和腿上。

滑雪靴侧方视角

3.2.4　代表产品

海德VECTOR 110 RS雪靴主要针对专业玩家和高速滑雪者所设计，拥有快速的动力传输和准确的控制。防滑的高轮廓靴底提供更好的行走控制。橡胶靴底提升舒适度，与带有"行走控制系统"的雪靴固定器兼容，不需要调整高度。

萨洛蒙S/PRO 90 W GW雪靴采用简单的步入式结构与独特的无缝内胆相结合，还可根据滑雪者的需求定制靴口、外壳和内胆，舒适感更强。

冷山NITRO滑雪靴标志性的乳胶脚跟衬垫能够与脚跟保持贴合，离合鞋舌让穿脱雪靴更加容易。内胆为了靴口部分的舒适贴合配有额外的强力收紧绑带，三密度鞋垫提供了减震性和舒适性。通过抽绳方便地进行收紧和释放，还具有体积小、重量轻的优点，维修和更换方便。

海德 VECTOR 110 RS 雪靴　　萨洛蒙 S/PRO 90 W GW 雪靴　　　　冷山 NITRO 滑雪靴

3.3 滑雪板

滑雪板是一种穿戴于滑雪者脚上，以此帮助滑雪者在雪上滑行的工具。

3.3.1　溯源明理

欧洲因为地理和气候的原因，滑雪板出现得很早，并已得到考古方面的证实。俄罗斯曾经在乌拉尔山脉的泥炭沼泽中，发现过约8000年前制作的滑雪板残片。

在挪威的一个岩洞里，人们发现了5000年前的壁画，上面刻画了北欧先民脚踩木板、手持长杆、摆出滑雪的姿态。

瑞典吉尤加登博物馆收藏有大约4500年前的滑雪板。当时的古代北欧人就已经使用了由动物骨头制成的滑雪板。当时人们可能是用皮革包裹在兽骨上，然后绑在皮靴上，作为滑雪的工具。滑雪板的出现，使得人们可以在浩瀚的林海雪原中任意驰骋、追寻猎物，从事各种生活和生产活动。

滑雪板如今已发展成滑雪运动中必备的器材，其结构由底座、拱形头、触点、边缘、有效边和弯点构成。由于科技的不断进步，滑雪板已经分化为很多不同的种类。

全地域滑雪板

正如其名字那样，这种滑雪板的目标是可以在任何地域滑行。它的外形非常接近Carving滑雪板，因此仍然适合在压实的雪面上滑行。它与Carving滑雪板不同的地方在于它的腰部宽度大部分都为75～90毫米，现在有非常多的全地域滑雪板，各种外形和硬度的都有，一些与传统的道内用滑雪板相似，而另一些则更像自由式滑雪板。

Carving滑雪板（拐弯板）

Carving滑雪板是大多数休闲滑雪者使用最多的滑雪板。用它在压实的雪道上滑行非常适合，也会有很多乐趣。一般情况下，雪板的腰部（滑雪者脚下的位置）为70～80毫米宽，头部和尾部的宽度则超过110毫米。这种形状可以让滑雪板很好地沿着其边刃滑行转弯。

自由式滑雪板

自由式滑雪板非常类似野雪板，但没那么宽大。它的设计目标主要针对在雪道外滑行，但在雪道内也能滑得很好。它比全地域滑雪板稍宽，腰部一般宽80～100毫米。从侧面看，自由式滑雪板板头和板尾有轻微上扬，这种设计能帮助滑雪板浮在各种雪面上，并能够轻松改变滑行方向，同时在压实的雪面上也能提供足够的抓地力。

野雪板

野雪板的宽度一般为88～120毫米，与普通滑雪板相比，野雪板在头部和尾部最宽处向上翘起，这种设计能够更好地帮助雪板浮在雪面上，从而提供更好的操控能力。

大/小回转滑雪板

对于大回转滑雪板，一般选择和自己身高差不多的长度；对于小回转滑雪板，一般选择身高减去15厘米的长度。大回转滑雪板比小回转滑雪板拥有更长的腰线半径，也更硬一些，因此它的转弯半径也更长。它用于在坚实雪道上高速滑行，通常比小回转滑雪板的长度更长，以增强稳定性和抓地力。小回转滑雪板灵巧而反应机敏，它也可以在坚实的雪面上以很快的速度转弯，但对于未压实的雪道和深雪来说，这种滑雪板不是好的选择。

花式滑雪板

花式滑雪板是那些喜好挑战半管状雪道和场地公园的滑雪者的最爱，这种滑雪板非常软，尾部翘起，在起落时都可以提供很高的舒适度。

越野滑雪板

越野滑雪板不仅仅是为了从山上滑降而设计的，它很轻，便于在广阔地域上长途穿行。它的固定器可以让滑雪者的脚后跟抬起，像平常跨步走一样行走。相比其他滑雪板，为了在向前移动过程中提供抓地力，它的板底刻有纹理。通常的滑雪板需要打蜡，并根据不同的雪质选择不同种类的蜡，而它则不需要打蜡，易于使用。

滑雪爱好者与身后的滑雪板

竞技越野滑雪板

竞技越野滑雪板用于在压实的滑雪步道上快速行进，它非常窄，也不适合在未开辟步道的雪面使用。有两种竞技越野滑雪板，一种是直滑式，另一种是传统的蹬冰式。滑雪者要根据滑雪风格、自身体重和当地的雪质来判断哪种类型的滑雪板更合适自己。

登山滑雪板

登山滑雪板拥有多种多样的宽度和样式。拥有金属边刃的宽型登山滑雪板，可以在崎岖的地形穿行或者从事滑雪露营活

滑雪双板

动。而较窄也较轻的型号一般用于在平缓的地形或压实的雪地小路上行进。现在许多人使用自由式滑雪板来代替登山滑雪板，这样可以适应更多的雪质。

3.3.2 选购要点

因为滑雪的初学者和熟手之间有很大不同，因此，他们选择的滑雪板也大不相同。对于滑雪来说，滑雪板的长度对速度影响很大，如果追求速度，滑雪板的长度就会很长，但也很难控制。比如业余选手的滑雪板的长度一般都会比身高短一些，

但是专业的滑雪运动员，特别是在追求速度的大回转比赛中，他们使用的滑雪板的长度比自己的身高还长。初学者因为对滑雪的技巧掌握得还不够熟练，必须选择更安全的滑雪板，同时也要选择相对容易操作和上手的产品。而满足这两点要求的滑雪板的特点必须满足：①长度不能太长，身高减去20～30厘米为宜，也不能太短，至少要到跨步的高度；②相对软一些，弹性大一些。

滑雪板除了长度不同之外，硬度也有很多种类型，而不同的类型也是针对不同人群来设计的。整体来说，滑雪板越软越容易操控，而硬度越大，则越需要技术来操控，但可玩性大大增强。

滑雪爱好者进行双板滑雪

3.3.3　使用方法

在穿滑雪板前，首先要穿上一双合适的滑雪靴。

检查滑雪板边缘是否完好，并根据地形选择合适的滑雪板。

找到位于滑雪板中央的捆绑带。将滑雪靴固定在滑雪板上的捆绑带上，捆绑带可以根据滑雪靴进行相应的调整。

穿上第一块滑雪板。把滑雪杖放在每块滑雪板的侧面，抓紧它们以保持平衡。然后将脚向前倾斜，将靴子的延伸部分插入滑雪板夹的前面。

按以上操作穿上第二块滑雪板，就可以开始滑雪了。

滑雪爱好者进行自由式滑雪

3.3.4　代表产品

沃克DEACON 74滑雪板采用玻璃纤维立体结构，增强滑雪板的韧性，回弹有劲，同时减轻滑雪板总重量。以钛合金层作为滑雪板的动力传导层，提高滑行稳定性，力量传输更迅速准确。

沃克 DEACON 74 滑雪板

伯顿BLOSSOM滑雪板板头与板尾的弹性一致，正反脚滑行平衡感和发力感相同。在板芯局部使用了强力、轻量化的木材，增加强度和弹性的同时减轻整体重量。板底使用耐久材料制成，易修补。吸蜡性高，可以加快滑行速度。

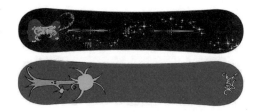

伯顿 BLOSSOM 滑雪板

萨洛蒙THE VILLAIN滑雪板专为公园场地设计，以出色的锁杆性能出名，同时弹跳、着陆性能均稳定，能有效帮助滑雪者完成各种出色动作。

萨洛蒙 THE VILLAIN 滑雪板

·3.4 滑雪杖

滑雪运动最重要的就是保持身体的平衡，但脚踩滑雪的感觉与穿鞋的感觉完全不同，会发现身体不受控制，再加上光滑的雪道，人根本不能站稳，对新手来说要保持身体平衡就只能借助滑雪杖来调整姿势，用滑雪杖撑在雪地上就像多了一副拐杖一样，让人平稳，有安全感。

3.4.1 溯源明理

早在几千年前，人类为了在恶劣的自然环境中生存，发明了可以代替行走的滑雪板，而滑雪杖也是同时期的产物。滑雪板与滑雪杖的应用使得当时的人们可以在浩瀚的森林中任意驰骋，追寻猎物。

一副滑雪杖由握把、腕带、杖杆、杖头和阻雪片组成。

握把是手与滑雪杖接触、握住的部分，通常由略带橡胶的塑料制成。普通滑雪杖握把的顶部会比底部更宽一些，这样可以使滑雪者的手更好地保持在滑雪杖的握把上。但适用于越野滑雪的滑雪杖握把相较普通握把更长一些，这样在横穿陡坡或其他需要的时候，可以抓住握把的下端来减少滑雪杖的有效长度；专门用于竞技比赛的滑雪杖还有一个半圆形的保护板，以防竞技运动员在用滑雪杖撞旗门时手指受伤。

当握住滑雪杖握把时，腕带会绕过手和手腕，这使得用滑雪杖推动身体的时候更加省力，而不必把滑雪杖握得太紧，同时还能防止在松手时滑雪杖掉在地上或飞出去。腕带的长度可以调整，以适应手的大小和手套的厚度。不同制造商的腕带调节方式不同，常见的是用腕带上的扣子调节，或者是在滑雪杖的握把内有调节机制，有些腕带上还会有一些柔软的填充物，以使其更加舒适。

雪地中的滑雪杖

杖杆是滑雪杖的主体部分，通常由铝合金或碳纤维制成。铝合金制杆通常比碳纤维杆更结实，因为在剧烈的撞击中，它们通常会弯曲或凹陷，而不是折断或粉碎，但如果铝合金制杆受到太多冲击，它最终是不太可能复原的；碳纤维杆在剧烈的撞击中可能会断裂，但如果弯曲或凹陷不太严重是可以复原的。

滑雪杖的杖头是使用滑雪杖时伸入雪中的部分，一般由塑料制成，有一个金属尖。滑雪杖的杖头通常很锋利、很小、很尖，这样可以很容易地插进雪里，但又不至于太锋利，防止危险发生。一般滑雪杖的杖头是杖杆的一部分，底部有一个金属帽，这种杖头不可替换；但也有一部分滑雪杖的杖头是杆底的单独延伸部分，是可替换的，如果被滑雪板击中或发生其他激烈的碰撞，杖头会被折断，这时则需要替换新的杖头。

阻雪片是滑雪杖杖杆底部、杖头顶部的圆盘状物体，一般由塑料制成，用于阻止滑雪杖过度插入雪中。阻雪片有许多不同的形状和尺寸，有些滑雪杖还配有一套以上的阻雪片。大多数滑雪杖上的阻雪片可以通过拧上或拧下的方式进行拆卸和更换。

3.4.2　选购要点

无论什么类型的滑雪杖，在购买时最需要注意的一个参数就是滑雪杖的长度。滑雪杖的长度是从握把的顶部到杖头末端的距离，通常以厘米为单位，5厘米为增量，就是说滑雪杖在100～105厘米之间只有100厘米和105厘米这两个长度的选择。但其实滑雪杖的有效长度是从握把到阻雪片的距离，因为杖头是要插入雪中的。

滑雪杖的长度需要与滑雪者的身高及其滑雪技术、风格相匹配。可以将滑雪杖倒立，握柄放在地上，手肘呈90度弯曲的姿势手持杖头上的阻雪片，在这样的情况下能保持舒适的长度就是适合的滑雪杖长度，不过最确切的测量方式就是在雪道上面实际使用滑雪杖。

专业运动员使用滑雪杖

3.4.3　使用方法

滑雪杖不仅可以帮助滑雪者掌握平衡，在熟练掌握平行转弯之后，合理的点杖技术，可以提高滑雪技术的准确性，帮助控制整个滑行的节奏，更快捷、更方便地转弯。

点杖的要求如下。

① 自然地点出滑雪杖，不要主动地点出，以免影响滑雪动作。

② 拿起滑雪杖，自然地点到雪板的旁边，合理地交替使用滑雪杖。

③ 滑雪杖点到距板尖10厘米处，不要点到滑雪板外侧或内侧。

④ 转弯的方向与点杖的方向是一致的，比如左转的时候就点左杖。

滑雪板与滑雪杖

在雪道上滑行的滑雪爱好者

3.4.4 代表产品

沃克PHANTASTICK滑雪杖采用航空铝合金制造，轻质牢固，强度高，稳定性强，持久耐用。防滑橡胶把手加可调节绑带，激光结构控制区域，加强控制，外观和感觉都独具特色。

沃克Phantastick WMS滑雪杖杖身采用铝合金制造，保护性印花亮漆，可有效保护杖身。杖尖坚固耐用，适应性强。把手为橡胶材质，具有防滑作用。

LEKI WCRLITE SL 3D滑雪杖握把轻，能够减少出汗、隔热、吸震，具有舒适握感。杖尖套顶部有螺口，无需使用工具就可以把不同大小的杖托旋上或旋下。杖尖几乎和金刚石一样坚硬，适合所有地形，耐用性非常高，弯曲度达到30度。

沃克 PHANTASTICK 滑雪杖　　沃克 Phantastick WMS 滑雪杖　　LEKI WCRLITE SL 3D 滑雪杖

⟨3.5⟩滑雪头盔

头部是人体中较为重要的一个部位，所以在进行滑雪这项极限运动时要格外

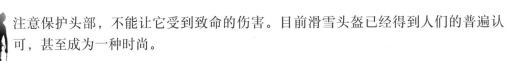

注意保护头部,不能让它受到致命的伤害。目前滑雪头盔已经得到人们的普遍认可,甚至成为一种时尚。

3.5.1 溯源明理

滑雪头盔一般由外壳、主体、内衬、调节器、固定装置和雪镜扣构成,专业赛事用的头盔还会带一个保护下巴的铁架。

目前市场上销售的滑雪头盔外壳主要有两种:PC(聚碳酸酯)头盔和ABS(工程塑料的一种)头盔。PC头盔一般比ABS头盔轻,价格也要比ABS头盔高。PC头盔质量一般为350~450克,ABS头盔质量一般为500~650克。

头盔主体材质为EPS(发泡型聚乙烯)。内衬增加舒适感,主要材质是海绵复合各种布料,如起毛布、剪毛绒等。调节器用于调节头盔尺码大小。固定装置一般由织带和插扣组成,作用是把头盔固定在头上,防止在运动时脱落。雪镜扣的作用是固定滑雪眼镜。常用的为红黑插扣,由POM(聚甲醛)注塑而成。

滑雪头盔根据用途主要分为高山滑雪头盔、越野滑雪头盔和自由式滑雪头盔。

高山滑雪源自阿尔卑斯山,越野滑雪源自北欧,自由式滑雪源自美国。高山滑雪速度较快,一般都会选用A级头盔(耳罩为硬的);越野滑雪主要用普通的B级头盔(耳罩为软的);自由式滑雪头盔有点类似于滑板盔,便于在空中和雪地上做动作。

佩戴滑雪头盔的滑雪爱好者们

小知识:

欧盟标准EN 1077:2007滑雪头盔的标准,分为A级和B级。通俗来说,两者区别在于A级相对严格一些,更适合专业选手,保护范围更大,一般用于赛事;而B级偏向于初级滑雪者以及普通滑雪场景中使用。

3.5.2 选购要点

安全认证
选择滑雪头盔最重要的一点就是购买符合安全认证的产品。建议从符合欧盟

CE 安全认证体系或者美国ASTM安全认证体系的产品中进行选择。

尺寸合适

选择滑雪头盔时一定要挑选适合自己的尺寸。因为滑雪头盔内衬较软，戴几次就适合自己了，尺寸太大的头盔佩戴后松松垮垮，影响滑行安全。

有BOA调节功能

BOA调节功能就是滑雪头盔调节自身大小的功能。通过旋转头盔内部的调节装置，可以调节滑雪头盔的大小。带有BOA调节功能的滑雪头盔，也方便滑雪时区分带内衬使用和不带内衬使用。

可拆卸可清洗内衬

可拆卸可清洗内衬便于保持滑雪头盔内部清洁和干净，因此应尽量选择内衬可拆卸、可清洗的滑雪头盔。

通气性好

通气性好的滑雪头盔上都留有足够的通风口，带进冷空气，排出热气与潮气。建议选择带有自动调节通风口的滑雪头盔，拨动调节钮可以立即调整空气流动，而不打断滑行。关闭调节钮可以防止雪天里滑行时漏雪。

适合佩戴滑雪眼镜

一般的滑雪者都是将滑雪眼镜戴在滑雪头盔外面（戴在里面的也有），滑雪前应将滑雪眼镜实际套在滑雪头盔上，感受滑雪眼镜是否完全贴合，检查滑雪眼镜和头盔之间的透气性是否良好，滑雪眼镜绑带长度是否适合头盔，是否需要使用延长绑带。滑雪头盔后面有一条专门用来固定滑雪眼镜的雪镜扣，防止滑雪眼镜在激烈滑行运动中掉落，滑雪前也要亲自试试并检查是否牢靠。

滑雪头盔内部特写

重量轻

滑雪头盔的自身重量也是选择的重要决定因素。同样尺寸的滑雪头盔，尽量选择重量轻的，重的头盔越戴越累，影响滑行质量。

3.5.3　使用方法

在使用滑雪头盔前要先测量头围。头围测量采用站姿或坐姿，在略高于耳朵，眉毛上方大约2厘米的位置，保持水

滑雪头盔后方视角

平，用软尺绕头部一周（测量时头发包含在内）。根据头围试戴头盔。

合适的滑雪头盔应该感到舒适但不紧绷，头部和头盔内衬之间没有空隙，头盔不会随着头部转动而有晃动。

3.5.4　代表产品

优维斯盔镜一体滑雪头盔采用硬壳技术，在ABS硬壳外壳内嵌入EPS（聚苯乙烯泡沫）减震内壳。一体成型，具备赛级头盔的抗冲击性。眼镜配有防雾涂层，有长达60秒的防雾效果，优于欧盟标准EN 174：2001滑雪用护目镜中规定的30秒的国际防雾标准。

优维斯传奇鲨鱼鳃滑雪头盔模拟鲨鱼腮呼吸系统，辅以精确计算的仰角及弧度，确保头盔前方带来恒定空气流动。冷空气从鲨鱼腮进入外壳与EPS内壳之间的气流通道，降低头盔内部温度，气流通过内部通道最终从侧后出风口排出，保持内部适宜温度，实现更佳的冷热交换。

GIRO LEDGE MIPS滑雪头盔有着极简、干净的滑板风设计，采用ABS硬质外壳，多向撞击防护系统提供了额外的保护，可拆卸的第二代自贴合系统提供了个性化贴合，完善的通风系统能在高强度的活动中保持干爽。

优维斯盔镜一体滑雪头盔　　优维斯传奇鲨鱼鳃滑雪头盔　　GIRO LEDGE MIPS 滑雪头盔

⟶③.6 滑雪眼镜

滑雪眼镜是滑雪的必需品，由于滑雪基本都在山上，海拔较高，晴天的时候阳光强烈，紫外线很强，非常容易灼伤眼睛或患上雪盲症；而阴冷天气的时候，冷风对眼睛刺激很大；特别是滑雪速度快的时候，很容易睁不开眼睛或者看不清楚，从而造成危险。

3.6.1　溯源明理

滑雪运动必须借助器材才可以实现，如滑雪靴、滑雪板、滑雪杖等。另外还有一些辅助性的防护用品，如滑雪镜、滑雪头盔等。

滑雪眼镜分为高山镜、跳台镜、越野镜、自曲镜等。由于雪地上阳光反射很严重，加上滑行中冷风对眼睛的刺激很大，所以需要用滑雪眼镜来保护滑雪者的眼睛。

滑雪眼镜应具备以下几个功能：

第一，防止冷风对眼睛的刺激；

第二，防止紫外线对眼睛的灼伤；

第三，镜面不能起雾气；

第四，跌倒后滑雪镜不应对脸部造成伤害；

第五，镜片抗冲击，国际标准要通过落球试验和耐冲击试验。

随着科学技术的发展，滑雪镜片也由单层发展为双层，从不防雾到防雾，可适合各种天气情况。镜面分内镜片和外镜片：内镜片为树脂材料，吸水性好，浸泡防雾液后具有很好的防雾效果；外镜片表面经硬化处理，可防止镜片被划伤。在强化层外镀色，镀色的主要材料为二氧化硅和二氧化钛。另外，在外框的上沿有用透气海绵制成的透气口，以使面部皮肤排出的热气散到镜外，保证镜面有良好的可视效果。

佩戴滑雪眼镜的滑雪运动员

3.6.2　选购要点

因为光线通过不同介质时会发生折射，肉眼看到的视野自然会随着镜片的形状而发生变化。如果在购买滑雪眼镜时优先考虑视野，将镜片变成平面镜片是更好的选择。

但如果以安全和强度为首要考虑因素，就首要选择使用球面镜片的产品，它可以分散受力，增加镜片与肉眼的距离，提供缓冲空间，降低眼睛受伤的可能性。球面镜片本身就是为挑战极限的专业滑雪爱好者开发的，所以材质比平面镜片有更高的强度和硬度。除了安全优势外，球面镜片也不容易起雾。

佩戴滑雪眼镜的滑雪爱好者

3.6.3　使用方法

将滑雪眼镜镜片对准双眼之后，将绑带调节至适合头部大小，感受滑雪眼镜是否完全贴合。眼睛近视者，可以先戴上近视眼镜后再佩戴滑雪眼镜，或者选择专门为近视人群设计的滑雪眼镜。

雪地上的滑雪眼镜

滑雪眼镜侧方视角

3.6.4　代表产品

欧克利Line Miner滑雪眼镜采用F3防雾涂层双重镜片，镜片涉及普睿智技术、铱镀膜工艺、高清晰度光学技术等。高科技记忆材料制成的镜框，配有可调节镜带，可根据需要调整适合自己的头围。

欧克利FLIGHT DECK滑雪眼镜采用的Prizm镜片技术，在室内照明和室外雪地条件的全光谱中提供了显著增强的对比度和能见度。从明亮的阳光到雪和阴天条件，Prizm镜头都能提供良好的检测能力，包括雪的轮廓、纹理和障碍。

圣古力GH2081滑雪眼镜采用亚洲版型设计，鼻梁处采用加高设计，三层海绵抗冲击设计很大程度减少了跌摔对脸部的伤害。头带可根据情况自行调节。

欧克利 Line Miner 滑雪眼镜　　欧克利 FLIGHT DECK 滑雪眼镜　　圣古力 GH2081 滑雪眼镜

⟨3.7⟩ 滑雪手套

滑雪手套全称为滑雪运动手套，主要应用于野外探险和滑雪场运动，不同于日常穿戴的保暖、劳保以及装饰手套。由于滑雪手套有特定的用途，所以对它的要求很高。

3.7.1 溯源明理

滑雪运动（特别是现代竞技滑雪）发展到现在，项目在不断增多，领域在不断扩展，相应的装备也越发全面。滑雪时需要用手操作滑雪杖，为了提供对手部的保护，于是出现了滑雪手套。

由于滑雪的全程都要依靠滑雪杖进行，不仅要求滑雪手套保暖、防寒，而且更要柔软、耐磨、防割伤。

滑雪手套的主要作用是吸汗，防滑，透气，保护手掌及腕关节。而吸汗、透气和防滑三者相辅相成。透气性取决于滑雪手套的用料及大小。对手掌的保护主要体现在摔倒时滑雪者经常会用手掌先接触地面以使身体缓慢着陆，如果没有滑雪手套进行减震，这样的动作容易使手掌被磨破并严重损害关节部位。

滑雪手套主要由高密度春亚纺、牛津布、尼龙、塔丝隆等材料制作而成。

滑雪手套通常用在室外，经过风吹、雨淋和暴晒，容易造成损坏，所以滑雪手套的保养是很必要的。滑雪手套脏了之后应进行清洗并自然风干。避免暴晒

雪地中的滑雪手套

和高温烘烤，避免遭到酸性和碱性腐蚀溶液。清洗滑雪手套时注意不能太过暴力，以免损坏手套面料。

3.7.2 选购要点

① 面料结实。选购滑雪手套时首先要看看其面料够不够结实。滑雪手套起到的作用是保护手，所以一定要结实，要具备一定的抗磨和抗切割的能力。

② 面料不粘雪。因为雪升温的时候就会化成水，这时如果滑雪手套粘雪就很容易打滑。一般选择皮革和橡胶材料比较好。

③ 保暖、透气。因为滑雪的时候天气会很冷，如果手活动不灵活就很容易发生意外事故。滑雪手套如果不透气，就很容易出汗，影响滑雪体验。

④ 尽量选择分指手套。滑雪过程中要不断地调节滑雪器材，所以滑雪手套要宽大，应该选择五指分开型的，便于操作。如果滑雪手套腕口再长点，能把袖口罩住，就可以省了护腕。如能有松紧带封口，就能有效地防止雪的进入。最好有夹棉以起到保护及保暖的作用。

⑤ 滑雪手套手指、掌心的材料最好能防滑，以保证戴滑雪手套时抓握雪杖、雪板等能比较牢固可靠。

滑雪者正在佩戴滑雪手套

滑雪手套与滑雪杖

3.7.3 使用方法

随时检查滑雪手套，检查有无小孔或破损、磨蚀的地方，尤其是指缝，滑雪手套破损之后再使用的话很容易弄伤手部。

注意滑雪手套的使用场合，如果一副滑雪手套用在不同的场所，则可能大大降低滑雪手套的使用寿命。

使用中要注意安全，不要将自己的滑雪手套任意丢放，避免造成对他人的伤害。暂时不用的滑雪手套要放在安全的地方。

摘取滑雪手套时要注意采用正确的方法，防止将滑雪手套上沾染的不干净的东西接触到皮肤和衣服，把皮肤和衣服弄脏。

最好不要与他人共用滑雪手套。因为滑雪手套内部是滋生细菌和微生物的温床，共用滑雪手套容易造成交叉感染。

戴滑雪手套前要洗净双手，否则容易滋生细菌。摘掉滑雪手套后也要洗净双手，并擦护手霜以补充油脂。

滑雪手套长度的选择原

不同种类的滑雪手套

则是：滑雪服的袖子越短，选择滑雪手套的长度应该越长。

3.7.4　代表产品

凯乐石KM210015滑雪手套外层采用防风防泼水面料，中层填充PRIMALOFT棉，内层为绒布，亲肤柔软。配备电子触屏设置，方便操作智能电子设备。

猛犸象（Mammut）是瑞士一家户外用品公司，作为世界登山运动和户外装备的最大制造商之一，拥有高山攀登、攀岩、滑雪、越野跑、远足徒步5个系列。

凯乐石 KM210015 滑雪手套

猛犸象STONEY滑雪手套作为该公司畅销产品之一，除了具备防风防水功能外，整个手掌部位采用强韧的山羊皮，更结实耐用。

伯顿103361滑雪手套采用双层防泼水面料，速干透气。灵敏触屏设计，可自由控制设备。防丢失便携D环挂钩，方便携带，不易丢失。预弯曲设计，可使双手处于自然放松状态。

猛犸象 STONEY 滑雪手套

伯顿 103361 滑雪手套

第 4 章
潜水装备

　　随着水上、水下运动的日益普及，潜水这项带有浓厚专业性色彩的运动也逐渐走进大众生活中，并逐步发展成为一项以在水下活动为主要内容，从而达到以锻炼身体、休闲娱乐为目的的运动项目。

4.1潜水镜

潜水镜是用来保护潜水者免于呛水，保护眼睛免受水的刺激，帮助潜水者看清水下物体的防护眼镜。

4.1.1　溯源明理

潜水镜是潜水装备的一种，可以让水肺潜水员、自由潜水员及浮潜人士能够清楚地看到水底的物品。当人的眼睛与水直接接触时，光的折射角度会与空气中略有不同，导致眼睛无法聚焦，影像变得模糊不清，潜水镜正好解决了这个问题。为了平衡中耳的压力，它是连同鼻扣在一起的。由于水的密度比空气大，人的眼睛在水中无法直接对焦，所以潜水者必须戴上潜水镜，使眼睛的前面保有空气的空腔，如此潜水者在水中才可以正常地观看。

潜水镜由两块强化玻璃、覆盖至鼻孔的防水硅胶胶边和一条可调节松紧的索带组成。两块玻璃可以有不同的度数，供近视、远视或散光的人士使用。浮潜使用的潜水镜可以用透明聚碳酸酯代替玻璃。深潜使用的潜水镜，其覆盖至鼻孔的硅胶必须具备一定的柔软性，以保证潜水者能够在水下使用鼻孔呼气，同时方便清除镜内积水或潜水反压。测试硅胶胶边的防水效果，潜水者一般会面向前方站立，然后将潜水镜放在眼睛部位，鼻子用力吸气，如果潜水镜没有掉下来，便可以确定胶边的防水没有问题。由于水压关系，潜得越深潜水镜会越紧贴面部，应提示索带不应过紧，否则面部的毛细血管有可能抵受不住压力而爆裂。

潜水镜正面视角

4.1.2　选购要点

① 镜片必须由强化玻璃所制。通常使用水晶玻璃制造，而非光学玻璃，原因是水晶玻璃质地更硬，更加耐磨，光学玻璃太软，而且专用的潜水镜镜片内带有特殊的涂层，可以防止雾气的产生。

② 潜水镜的胶边必须柔软舒适，同时贴合潜水者的脸型。最好挑选硅胶材质，不但质料柔软，而且经久耐用。目前橡胶材质的潜水镜已不多见，因为有些人对橡胶过敏，同时橡胶极易老化，寿命较短。最好不要挑选PVC材质的潜水

镜，虽然价格实惠，但PVC质地较硬，长时间佩戴会造成脸部不适。

③ 要有从潜水镜外可直接捏住鼻子的"捏鼻部"设计。潜水时，若水压增加，耳朵会发生挤压的现象，潜水者常需借由捏住鼻子鼓气来做平衡的技巧。

④ 要有广阔的视野。潜水者最好挑选由专业潜水器材制造商所生产的产品。因为其材质较好，在高（水）压的环境下使用起来较舒适，更重要的是这类潜水镜在制造过程中有极严格的质量把关，可确保使用安全。

佩戴潜水镜的潜水者

不同颜色的潜水镜

4.1.3　使用方法

将潜水镜贴在脸部，鼻子要罩在镜内；可通过调紧胶带来加强潜水镜的紧贴性。戴好潜水镜后，只能用嘴呼吸，并且不能用鼻子呼气，否则会导致起雾和水进入镜内。

4.1.4　代表产品

科越思ACTION是一款可装相机的潜水镜，柔软的硅胶胶边在脸上进行密封，潜水镜和人脸贴合紧密。棘齿状面镜带扣可快速调节，形成弹性配合。低容积面镜可降低阻力，适合自由潜、深潜和浮潜。

科越思A1潜水镜采用单镜片设计，视野更宽。利用镜片空气隔离层防雾原理，降低水接触面，使水汽不易凝结于表面，物理防雾，保护环境。

WATERTIME潜水镜采用钢化镜片，更加高清透光，防刮耐撞，加密精

科越思 ACTION 潜水镜

科越思 A1 潜水镜

度，透光率高，成像清晰。柔软的液态
硅胶更亲肤。人体工程学设计，适合亚
洲人脸型，贴合度高，严密防水。

WATERTIME 潜水镜

·(4.2) 呼吸管

在潜水时，呼吸管也是一件必不可
少的重要装备。

4.2.1　溯源明理

在水面休息或游泳时，若脸在水中向下看或找东西，可以通过呼吸管呼吸
以减少气瓶中氧气的消耗；当水面有风浪时，可以利用呼吸管的管口高度通常
高于波浪高度而避免水涌进嘴里；如果在远离船只或岸边的地方出水，而气瓶
中的氧气又所剩无几，利用呼吸管可以较轻松地游回船上或岸边，脸部可以自
然地放在水中。而在浮潜时，呼吸管更是必需的装备，可以不用抬头在水里待
上很长时间。

早期的呼吸管仅是一根弯管与咬嘴结合在一起，但近年来呼吸管已有许多设
计的改进，例如有些在顶端增加了减少海水进入呼吸管的防浪盖，或是在咬嘴部
分增加排水阀，甚至有的呼吸管有双排水阀设计，大大提升排水的效能。

对于呼吸管，在设计上会考虑很多因素，全功能的呼吸管应该包括管口止水
阀、面镜搭扣、可调螺纹管、
口腔排水阀。

呼吸管一般都搭配潜水镜
使用。呼吸管可以让浮潜的人持
续将头埋在水中欣赏海底景观，
而不需频频抬头换气。对潜水者
来说，潜水前在水面浮游时，可
利用呼吸管直接呼吸而不需浪费
气瓶中有限的氧气。

使用呼吸管的潜水爱好者

4.2.2　选购要点

呼吸管的优劣取决于其使用上的舒适性以及排水效能的高低。挑选呼吸管可
遵循下列原则。

第一，管径要大。

第二，长度以30~40厘米最适宜。太长的呼吸管会降低换气的效率。

第三，大小适中、舒适的咬嘴。最好使用硅胶咬嘴，因其柔软且无毒性。有些呼吸管下段是有弹性的软管，或是有可随脸型调整位置的设计，可增加使用上的舒适性。

第四，排水效能高的呼吸管能有效防止潜水者呛水。

潜水爱好者在海里使用呼吸管

4.2.3　使用方法

一般的呼吸管设计是一端开口，另一端是有咬嘴的弯管。呼吸管的上半部（管身）通常是半硬的塑料管，下半部的咬嘴多由硅胶制成。一个合适的呼吸管要有适当的曲度（适合自己的脸型），内径2厘米左右，长度为30~35厘米。合适的呼吸管除了舒适外还要呼吸容易。可以将咬嘴放在嘴唇与牙齿之间，将管身靠在左耳前，咬嘴应该合适

使用呼吸管的女性潜水爱好者

舒服，不会擦伤嘴部或造成下巴疲劳，并且含在嘴里是平直的。

4.2.4　代表产品

鲨宝来潜水呼吸管采用湿式双阀门，可有效破开阻力，减少氧气损耗，灵活且不易呛水。硅胶咬合舒适，可减少疲惫。高强度外壳，增加装备可靠度。

科越思潜水呼吸管采用360度干式保护技术，顶部采用干式呼吸阀门，可以有效防止进水，令呼吸更畅快、自然。呼吸管支架可快速脱扣，高质量软硅胶咬嘴柔软舒适，能够带来更轻松的潜水体验。

鲨宝来潜水呼吸管

英发G7208-5呼吸管采用流线型设计，硅胶护垫可舒适贴合前额。硅胶胶嘴安全无异味。底部阀门可取出，方便清洗管壁。凹凸纹理调节头带，防滑性好。

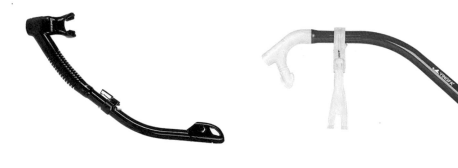

科越思潜水呼吸管　　　　　　　　　　　英发 G7208-5 呼吸管

4.3 潜水服

潜水者潜水时一般都要穿潜水服，如果不穿潜水服，长期在水下停留很容易造成体温过低，对潜水者生命造成威胁。穿潜水服可以在衣物和皮肤之间形成一个很薄的水层，这个水层可以降低体温损失过快的危险，潜水服还可以防止潜水者被刺伤或划伤。

4.3.1　溯源明理

为了揭开海底深处的奥秘，人们常常潜入海中探察究竟，这就必须借助潜水服。

早在17世纪，欧洲人就发明了吊钟式的潜水器，人在"钟"里边就可以潜入水中，直到空气用完了才返回地面。但是由于"钟"内所装的空气有限，所以这种潜水器没有得到广泛应用。

1819年，英国人西贝发明了带有氧气罩的潜水服。氧气由船上的管子送进氧气罩，这样人在海底下就可以比较自由地活动了。1942年，法国人福斯特发明了随身携带的氧气筒，直到这时，真正意义上的潜水服才问世。

潜水服分为干式潜水服与湿式潜水服。穿着干式潜水服时，潜水者的身体完全与水隔绝，依水温情况，可以在里面穿毛衣加强保温。在寒带水域，干

穿潜水服的冲浪者

式潜水服的使用较为普遍，当然它们的价格也较湿式潜水服昂贵，样式多为一件式。干式潜水服至少有三种材质，即泡沫合成橡胶、合成橡胶和尼龙。干式潜水服较湿式潜水服体积更大，因为必须有特别的防水拉链和其他配件，如干式潜水充气/排气的装置，因此穿着难度也更高。

湿式潜水服为最常用的潜水服。这种潜水服由发泡橡胶材质制成，一般厚度可从1.5毫米到10毫米以上，渗入的冷水被衣服隔绝后不会再渗透出去，并迅速由体温传导变温，这种由非活性气泡的隔离可防止体热的散失。合身的湿式潜水服能使内外水的流动交换尽可能地减少，隔离效果很好。

4.3.2　选购要点

潜水服不仅能起到保暖作用，而且能保护潜水者免受礁石或有害动物、植物的伤害。通常情况下，水温在27摄氏度以上可不穿潜水服；水温低于20摄氏度穿湿式潜水服；水温在10摄氏度以下则需要穿干式潜水服。

身穿潜水服的潜水者

潜水者穿潜水服上岸

4.3.3　使用方法

巧用塑料袋

穿潜水服时可以在脚上套一个塑料袋，这样脚就可以很容易地穿过潜水服的裤腿。如果觉得手很难通过袖口，也可以将塑料袋套在手上。

让旁人往袖口里吹气

当手穿过袖口，感觉潜水服粘在皮肤上，很难提起来时，可以让同伴往你的袖口里吹气，让进来的空气把皮肤和潜水服分开，这样可以很容易

潜水者准备潜水

地穿上潜水服。

水里穿潜水服更容易

如果周边有游泳池，可以去游泳池中穿潜水服。或者站在水龙头下把身体和衣服淋湿，就可以很容易地穿上潜水服。

使用水性润滑剂

穿潜水服时可以在脚踝和手腕上涂抹少量水性润滑剂，这样也很容易穿上潜水服。

4.3.4　代表产品

科越思CASTORO潜水服按照仿人体结构学裁剪设计，采用先进工艺制造，独特的前拉链设计和3.5毫米氯丁橡胶，使潜水体验更佳。

迪卡侬铁人三项潜水服是专为"铁人三项"运动而设计的。根据男女身材特点剪裁，脖颈处设有保护领，可防止摩擦。手臂处采用仅2毫米厚的氯丁橡胶，潜水时更具灵活性。

HiSEA 5MM连体潜水服采用经典圆领设计，有效贴身，更好地减少水阻力。采用撞色拼接，打破单一格局，丰富整体造型。不同色彩和面料搭配瞬间提高整体层次感。内里采用高质量绒毛缝制，这样潜水者才不会感觉寒冷。

科越思 CASTORO 潜水服　　　迪卡侬铁人三项潜水服　　　HiSEA 5MM 连体潜水服

⦁–④.④ 脚蹼

脚蹼也称"蛙鞋"，是潜水装备的一种，也用于其他水类运动，包括游泳、身体冲浪、跪板冲浪、水底曲棍球、水底橄榄球等，穿着后可以自如地在水中移动。

4.4.1　溯源明理

人类在长期水上运动实践中仿照鸭子的鸭蹼、青蛙的蛙蹼和鱼类的尾鳍制造了脚蹼。虽然脚蹼的出现大大提高了人类在水中行动的速度，但是人类仿制出的脚蹼与动物的蹼翅比起来还有很大差距，其主要表现在以下两点。

一是动物的蹼翅是身体的一部分，可以根据情况随意变换形状和姿态，因此，人类制造的脚蹼其效率永远比不上动物的蹼翅。

二是水中动物对水的特性有着天生的感知和领悟，本能地掌握着最省力的方法和节奏使用它们的蹼翅，而人类却需要学习和训练才能用好脚蹼。

脚蹼主要分为套脚式和可调节式两种。套脚式脚蹼一般用于温暖水域或浮潜。可调节式脚蹼要与潜水鞋一起使用。大而坚硬的脚蹼使潜水者获得更快的速度，但容易疲劳和抽筋（适合腿部力量大的人）；小而柔软的脚蹼缺少推动的力量。

脚蹼的龙骨用来增加脚蹼的硬度和平衡。排水孔可以降低对脚蹼的阻力以增加效率。导流沟可以让水平滑地滑过脚蹼，提高速度。

岸边放置的脚蹼

4.4.2　选购要点

挑选脚蹼时必须配合个人的体格、体力以及潜水的环境来决定。对于一个从未使用过脚蹼的人来说，挑选一双适合的脚蹼是一件比较困难的事，最好请有经验的人陪同一起挑选。

套脚式脚蹼因鞋面小，相对推进力也较小，在背负全套潜水装备进行长距离浮游时，可能会有力不从心的感觉。一般而言，套脚式脚蹼适用于浮潜。因

游泳者使用脚蹼在水下训练

为休闲潜水活动多半是岸潜方式，因此必须在水面浮游相当长的距离后才抵达潜点。

此外无论浮潜或潜水，都无法避免在海岸边行走。使用套脚式脚蹼，一旦脱下，脚就完全失去保护，此时赤脚走路要非常小心，否则很容易受伤。可调节式脚蹼鞋面大、推进力佳，依质地来分，还可分为浮潜用和潜水用。浮潜用的脚蹼一般质地较轻，鞋面较单薄。

4.4.3 使用方法

① 初学者在穿上脚蹼之前，必须要确定自己的打水动作完全正确，因为穿上脚蹼会掩盖错误动作。

② 正确的打腿动作应该是髋部发力，通过大腿带动小腿和脚，做上下交替打水动作。但实际上有些潜水者膝关节弯曲得太大，他们是用弯曲的膝关节将小腿下压打水，由于脚蹼增大了打水面积，放大了打水力度，也可以快速游进，比不穿脚蹼时游进的速度要快很多，所以潜水者并没意识到小腿打水是错误动作。

穿脚蹼的潜水者　　　　　　　　　　潜水者正在海中潜水

4.4.4 代表产品

SCUBATREK潜水脚蹼采用天然健康环保橡胶材质，弹性柔软，不伤脚后跟。防滑设计可提高80%的游泳速度。

VAGANT潜水脚蹼采用高达18层碳纤维结构、3D塑性导流条，防止左右摆动。其月弯设计可以产生很大的动能，而且可以提供一定的舒适性和柔软度。

CRESSI GARA MODULAR脚蹼采用非常柔软的热性塑胶制作。单独提供的脚套可让使用者安装所有脚蹼配件。脚套采用多种复合物加工工艺，可以在脚周围提供必要的舒适性和柔软度，同时

SCUBATREK 潜水脚蹼

还在进行能效交换的脚套底部和脚跟处采用较硬的化合物。最好选择自我调节脚套,这对潜水者来说舒适度提升很明显。

VAGANT 潜水脚蹼

CRESSI GARA MODULAR 脚蹼

(4.5) 潜水气瓶

潜水气瓶是用于储存和运输潜水作业中使用的高压气体的气瓶。当用于表面供气潜水或水肺潜水的紧急气体供应时,它可以称为救助气瓶或救助瓶。

4.5.1 溯源明理

根据潜水的要求,潜水者可以携带一个或多个气瓶。如果在具有一定风险的区域潜水,潜水者可以安全地上潜,也可以在紧急情况下为伙伴提供替代气瓶,若进行休闲潜水,通常只携带一个气瓶。在风险较高的地方潜水,例如能见度低或水域环境复杂时,潜水者通常会携带多个气源。潜水气瓶可能有不同的用途。一个或两个潜水气瓶可作为主要呼吸源,为潜水者供氧。除了较大的圆柱体潜水气瓶外,潜水者还可携带一个较小的圆柱体潜水气瓶,称为"小马瓶"。它是独立安全储备的气瓶也称为救护瓶或紧急供气(EGS)。"小马瓶"通常用作救助瓶,但这取决于浮出水面所需的时间。进行技术潜水的潜水

潜水气瓶及脚蹼

背着潜水气瓶的潜水员

者通常会携带不同的气体，他会根据潜水深度选择呼吸所用的气体。

4.5.2 选购要点

在热带水域使用铝制气瓶比较好，在冷水潜水时使用钢制气瓶更为合适。在储存气体总量一样时，背钢制气瓶时的总重小于背铝制气瓶时的总重。在总重一样的情况下，钢制气瓶可以携带更多的气体。钢制气瓶还可以替换一部分配重，并比传统配重分布更均匀。钢制气瓶有更多不同的尺寸，可以更好地适配不同身材的人群。

潜水员背着潜水气瓶潜水

4.5.3 使用方法

在潜水前，要核对潜水气瓶上的最后检查日期。另外，检查潜水气瓶阀门有没有撞击性的损坏和生锈。如果爆破阀生锈说明已经失效了，这将引起潜水气瓶里的气体快速流失。同样需要检查前阀门和O形圈。如果看起来有破损，则需要对其进行更换。

潜水气瓶不需要完全充

潜水员背着潜水气瓶准备潜水

满，没有压力的话，潜水气瓶会滋生污染物和产生水气从而导致内壁生锈。过于充满的潜水气瓶，尤其是铝制气瓶，如果放置很长一段时间会开裂。

4.5.4 代表产品

科越思CYLINDER潜水气瓶采用双阀门设计，双重保险，易于组装和拆卸。可用两个调节器进行连接，如果一个出现问题，能迅速更换另一个调节器。

塞里斯潜水气瓶体积小巧，可循环充气，环保实用。采用360度高精度减压阀，有效防止中压管缠绕或损坏，降低安全隐患。

微笑鲨潜水气瓶轻巧易携带，可容纳1升呼吸气体，可在水下潜水20分钟左右。采用防水夜光压力表，在水底黑暗处也能看清气体剩余量。

科越思 CYLINDER 潜水气瓶　　　塞里斯潜水气瓶　　　　　　微笑鲨潜水气瓶

4.6 潜水表

潜水表是潜水用的计时表，经过防水、防潮处理，供潜水者使用。一般的防水表并不能用于潜水。潜水表一定要符合严格的规定，并非防水性强就能称为潜水表。

4.6.1 溯源明理

潜水表最初是因军事上的需要而诞生的，随着技术等因素不断变更，逐渐演变为以在水下活动为主要内容的休闲活动腕表，从而步入普通民众生活。

潜水表往往使用厚实或多层的组件来达到阻绝水汽渗入的功效，各品牌通常会在表壳的部分组成零件中加入以橡胶材质打造的防水垫圈，以减少表体的间隙，增加密封性。其特点主要如下。

密实的表壳结构

潜水表的表壳结构必须要极高程度地防止水分或水汽浸透进表体内部，因此，腕表的镜面、表圈、表壳、本体、底盖等接合处自有一套严密的设计形态。除了利用以橡胶材质制成的防水垫圈作为中间阻隔层外，还会涂覆具有防水性且密度够大的黏着剂，使层层堆叠的表体可以在几近零缝隙的情况下密切组合，这也是市面上潜水表表体厚实的原因之一，除了有内在的阻挡功效外，也令外部更能抵御水压冲击。

选用强化材质

由于潜水表的佩戴情境设定在水面以下，因此表厂在打造潜水表时，也需针对其外部材质进行审慎评估，提升其强度能力来应对水中各种可能突发的情形。通常高档潜水表多以贵金属材质制造，若在潜水过程中遭遇碰撞、刮伤等意外会降低潜水表的价值。普通的潜水表表壳材质以普及度高的精钢为主，但也有表厂提升了精钢材质的强度。目前表厂也纷纷开发出更多元化的材质来制作表壳，如重量轻盈的钛金属，除了佩戴起来更为舒适外，还因其表层与环境作用后会产生钝氧化物，形同保护膜般让表壳抗腐蚀能力提高。新兴的陶瓷材质也越来越广泛见于潜水表上，其不易磨损、硬度高的特性也非常符合潜水活动的需求。

特殊材质与计时表圈

因为潜水表的表圈通常是单向可旋转式外圈，所以有些表厂在对潜水表进行设计时，会特别针对此处利用复合材质（例如表壳为精钢或钛合金，表圈部分则使用陶瓷或是硫化橡胶等材质）来达到重点强化的效果，提升潜水表不同方向的保护能力之余，特殊材质搭配也能营造出潜水表外观视觉层次的附加价值。而在潜水表表圈上常见到在0~15分钟位置特别详细列明的分钟刻度，则是为了潜水需求而特别设计的装置。此类潜水计时圈用于提示潜水者下潜时间，将原本位于12点方向的表圈原点对准至分针后，潜水者便能靠直觉判断表圈上的累计下潜时间，且潜水计时圈多半只能单向逆时针旋转。

排氦阀门

深潜过后的专业潜水员，在返回水面之前，必须先前往减压舱吸入含氦气的混合气体。在减压舱内，氦气这种极为轻盈且不稳定的气体可渗透至每一个角落，即使是腕表内部。它在腕表内释出的速度较舱内的减压慢，故困于腕表内部的气压相对较大，甚至可能酿成无法弥补的破坏。所以排氦阀门装置必须具备给腕表迅速减压的功能。

夜光显示

水下是一片漆黑，伸手不见五指。所有潜水表都必须配备醒目的夜光指针和刻度。通常潜水表的指针、刻度或表面都涂有夜光材料，并且刻意放大指针和刻度的尺寸，以便让潜水者读时更为简易。

旋转表圈

旋转表圈主要是为了给潜水者提醒潜水时间。旋转表圈的标注刻度一般为15、30、45，这是因为一般潜水的氧气瓶只能坚持45分钟（也有个别是标注60分钟刻度的），前15分钟是带颜色或特别标识的。通常只要在潜水时转动表圈，使表圈上的0刻度对准分针，然后看分针走动后对应表圈上的刻度就可以知道潜水所用时间。外置表圈的转动多被设计成单一逆时针方向，这是为了确保计算时间只会计多，不会计少，防止延误时间而发生危险。

特殊表带

在水下，无论划动手臂还是操作仪器，都需要手腕灵敏转动，因而表带的贴合性非常重要。在橡胶表带尚未被使用之前，很多潜水表使用的都是金属表带，耐腐蚀的功能不错，但仍难以避免海水中的化学成分对其造成轻微腐蚀。如今，大多数潜水表会运用防水性和耐腐蚀性更好的橡胶表带，还有些品牌开发了帆布或人造纤维表带，同样是很好的选择。除了原料上的特别之外，单个潜水表的表带增加了折叠延伸的表扣，目的是让潜水者在厚重的潜水服外佩戴腕表时，能灵敏调理表带的松紧程度。

水下的潜水表

4.6.2　选购要点

确认防水能力

耐水深100米以上是潜水表必备的能力。人在水中活动时，手的动作最为频繁，手表所承受的其实并不是静态压力，而是更大的动态压力。所以若是将误差及压力形态也考虑进去，从事水肺潜水活动时应该佩戴防水能力达200米的腕表。

依表带材质挑选

表带材质的首要考量，就是能够在海水中使用，因此通常不采用容易因吸水而腐坏的皮革。不锈钢、橡胶以及尼龙材质的表带是目前市场上的主流，这三种材质的表带都耐水，也都各有其优缺点。

不同类型的潜水表

4.6.3　使用方法

潜水表的旋转外圈的作用是提示下潜时间，是保证生命安全的设备，有以下两种使用方法。

① 将亮点或者三角对准当前分针，在水下可以通过这个标记和当前分

潜水员准备出水

针位置得知下潜时间，从而估算出氧气剩余量。

② 提前根据氧气量和上浮时间估算出既定上浮的时点，将亮点或倒三角对准这个时点，一旦分针指向这里就必须上浮。

4.6.4 代表产品

摩纹探潜者系列潜水表将潜时调校轮镶嵌进表壳中，可以更容易、更准确地设置潜水时间。人工合成蓝宝石水晶镜面，不仅硬度高，而且防水性能好，可抵御日常轻微刮蹭。

汉米尔顿SCUBA潜水表H-10采用机械机芯，具备日期功能，动力储存可达80小时。人工合成的蓝宝石玻璃表镜，硬度高，透光性高，抗刮耐磨，耐腐蚀。

摩纹探潜者系列潜水表

美度领航者潜水表采用黑色个性表盘，镶嵌夜光涂层处理的立体刻度和镂空指针，方便读时。表镜玻璃抗刮、耐腐蚀，多重条件下时间依然清晰易读。时尚黑色橡胶表带，亲肤舒适，摘取方便。

汉米尔顿 SCUBA 潜水表 H-10

美度领航者潜水表

第 5 章
马术用品

　　古代人们为了做到战车所用的马匹在战场上移动准确，常对马匹进行各种技巧和协调性的训练，后来就发展为现在的马术。马术是一项运动，更是一种激情，是骑手与马匹共享的瞬间。马术能帮助人们散心和放松，也是一项要求细心和精准度的、非常有技术含量的运动。

5.1 马鞍

在所有的马具中，马鞍是非常重要的一种，也是学习马术时最重要的装备。

5.1.1 溯源明理

俗话说"人靠衣装马靠鞍"，好的马鞍不仅会让马匹看起来更骏美，还有助于骑手更好地驾驭马匹。目前马术骑乘中比较常见的马鞍有两种，即西部鞍和英式鞍。

西部鞍是美国西部牛仔特有的鞍具，最早发源于西班牙，传到美国得克萨斯州后，牧民又根据牧场的工作需要发明了西部鞍。最初的西部鞍比较厚重，注重安全性，能完成套牛、套羊等难度较大的工作。后来牧民为满足竞赛的需求，逐步生产出竞技鞍、绕桶鞍、骑射鞍等，以速度性为主要特点。再后来随着西部文化的不断传播，西部鞍受到更多牛仔的喜爱，在西部文化中占据着非常重要的位置。多年来，更多类型的西部鞍陆续诞生，如牧场工作鞍、休闲骑乘鞍、长途耐力鞍、西部舞步鞍、高档展示鞍等。

西部马术竞技比赛中马鞍设计得宽一些，能使骑手的重量平均地分布在马背上，哪怕骑马的同时用绳子套中一头牛，也能很快地平衡重心。西部马术竞技比赛中的西部鞍更适合长时间在崎岖道路上骑乘，而英式鞍汲取欧洲早期军事鞍具的精华，英式鞍比西部鞍更轻、更小，旨在让骑手与马背贴合得更为紧密。

佩戴西部鞍的马匹

西部鞍侧方视角

英式鞍

5.1.2 选购要点

要找到合适的马鞍，首先要考虑自己选择的马术项目和预期的参与程度。许多马鞍的设计特点可以为马匹提供更佳的舒适感，并可能影响在马术比赛中的表现。

当涉及自己的需求时，在购买马鞍之前需要考虑一些实际的因素。从一开始就设定预算，有利于迅速筛选出符合标准的马鞍。

马鞍前侧方视角

5.1.3 使用方法

下面以西部鞍为例，介绍其使用方法。

① 让马站到平坦的地方，将马鞍放在马背上。

② 检查马鞍垫的前部是否铺在靠近马的鬐甲位置。注意马鞍垫不要挡住马的前肩部，也不要超过胸腔的最后一根肋骨处。

③ 检查马鞍与马背之间的空隙，可将一只手伸入马鞍和马背之间，滑动手以检查接触是否均匀。

马鞍侧方视角

④ 检查马鞍底部是否与鞍骨完全相连。鞍骨是马鞍唯一与马接触的部分，相当于马鞍的"骨架"。在检查鞍骨时，要注意鞍骨的前端要与马的肩膀角度相一致。将手滑到马鞍下的马肩上，感受角度是否一致。

⑤ 进行试骑。在试骑过程中感受马鞍的情况，并注意马匹是否有不适。

⑥ 观察马鞍卸下后的情况。如果出现马毛被搅乱、缠绕或者损坏马毛的现

象都是马鞍安装不到位的表现。

5.1.4 代表产品

比利库克西部马鞍选用厚实的优质牛皮，尺寸根据人体工学设计，坐感舒适，久坐不累。舒适的鞍上软垫和高凹的鞍座，不仅能促进平衡骑乘，而且能减少疲劳。手工雕刻的精致花纹，更加美观耐用。

CAVASSION-COM英式马鞍采用双层牛皮制作，做工精细，走线工整，用料考究，结实耐磨。坐垫用料厚实，柔软舒适，色泽亮丽。

迪卡侬西部马鞍鞍座采用PU泡沫以确保最大的舒适度，鞍底配有EVA泡沫和水牛皮，可以有效缓震。鞍底由水牛皮制成，与马鞍底面贴合得更好。三角形结构样式绑带，稳定结实，可自由调节。鞍翼可裁剪，马镫带的位置也可调整。

比利库克西部马鞍

CAVASSION-COM 英式马鞍

迪卡侬西部马鞍

5.2 马鞭

马鞭是骑马过程中的一种辅助用具，用于辅助驱使马匹按照人类的意愿完成各种动作。

5.2.1　溯源明理

对于马术礼仪和文化而言，马鞭是一件必备的工具。一根好马鞭和骑手配备的其他马具一起，共同体现着骑手的个人风格和品位。

在骑马的过程中，马鞭的主要作用是让马匹在骑手骑乘的过程中保持警觉状态，确保骑手的安全。根据不同的马术项目，马鞭可以分为赛鞭、障碍鞭和盛装舞步鞭等。马术爱好者通常喜欢选择长一些的障碍鞭。

马鞭以真皮或纤维制品制作，一般分为长、中、短三种，需要根据自己的实际情况选择。普通骑乘通常使用中等长度的马鞭。马鞭的鞭杆用玻璃纤维材料居多，也有用竹子和树枝等天然材料制作的鞭杆。好的手柄有银制的，也有用动物角和骨头等不同材质制作的款式。在玻璃纤维鞭杆外面有用涤纶丝包覆成表层的，也有用牛皮包覆的。

马鞭在赛马运动中可以控制赛马的速度

5.2.2　选购要点

① 查看编织做工，马鞭多以编织手法制作而成，查看有没有出现松散的现象。

② 听声音，以甩出清脆声音的马鞭为好。

③ 查看马鞭的手柄，是否有倒刺或者手握手柄不舒服的现象。有的话这样的马鞭最好不要购买。

手持马鞭的马术爱好者

5.2.3 使用方法

正确的马鞭握法应该是手握在离马鞭的柄部尾端稍微靠前的位置，也可以说是握柄的中心位置。马鞭必须倾斜地横靠于大腿的外侧，切记不可以在马匹的侧面或者是马鞍后方使用马鞭，这样会让马匹的后肢更加强劲有力而抬起它的臀部。一般骑手在使用马鞭时，位置大都选择在马匹的小腿后方，以更快地让马匹获取骑手发出的指令。

拍打马匹时应尽可能地快速、短捷、有力，持续且慢速的拍打反而会让马匹难以得到准确的信号，久而久之会影响它的反应能力。正确的马鞭使用方法应该是配合马的韵律去给予马匹一定的指令，进而提升骑手和马匹之间的默契，而不是盲目鞭打。在室内进行马术运动时，马鞭的作用主要是置于骑行内侧，防止触碰到围墙，而在正常运动时，还是应该置于使用的一侧。若骑手在骑乘过程中想要转移马鞭，需要将缰绳置于握

马术运动员正在使用马鞭

马鞭的那只手中，再用空手来抽出马鞭，继而再双手持缰。

5.2.4 代表产品

CAVASSION-CARBON马术短鞭鞭杆采用碳纤维材质，坚固耐用，质地轻便。鞭头由PU材质制成，实用耐磨，不怕伤马皮肤。

FLECK马术马鞭采用优质弹性聚氨酯材质手柄，握感舒适。优化的平衡设计，拥有出色的弹性。马鞭拥有三种颜色，即蓝色、黑色、玫瑰金色，可根据喜好自行选择。

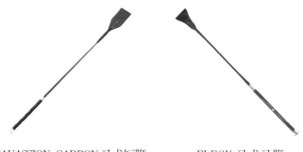

CAVASSION-CARBON 马术短鞭   FLECK 马术马鞭

5.3 水勒

水勒是马术运动中不可或缺的装备之一，在比赛中对于马匹的行进路线、速度控制发挥着重要作用，就如同车辆的方向盘和制动系统一样。

5.3.1　溯源明理

水勒是水勒缰的简称，由马头挽革、衔铁以及缰绳组成。其中马头挽革是指水勒中马匹头部除了衔铁外的部分，包括颊革、喉革、鼻革等。水勒一般由皮质、尼龙和人造革制成，马术运动中常用皮质水勒，但在赛马的训练和比赛中，三种材质的水勒都有应用。

相对于当今赛马中因竞技需要而出现的眼罩、喉托、面箍、绷带等装备，水勒堪称一款最基础的装备，甚至在人类驯化马匹之初就已出现，使用历史远超同样作为基础装备的鞍具。水勒在赛马比赛中起着提供命令或指示的作用，若没有水勒，骑手则难以对马匹进行转弯、加速、降速、急停或勒马后退等操控。

赛马比赛中，水勒的使用也有明确的规定，比如：需以扣带的方式连接，而非其他连接方式；需有眉革和喉革。

缰绳大多用于马匹或其他可用于驾驭的动物，通过衔铁连接，以达到操控马匹的作用。在标准化的赛马比赛中对缰绳的使用也有一定规定：缰绳可以不采用皮革制成；缰绳必须有橡胶把手；缰绳必须缠绕在衔铁上，而非用搭扣扣在衔铁上。

佩戴水勒的马匹头部

5.3.2　选购要点

好的水勒一般是用优质牛皮制作的，但赛马水勒一般用人造革材料制作。好的缰绳有很好的柔韧性，在骑乘运动中更能准确地传递动作信息，实现人与马的默契配合。骑手可根据

优质皮革制成的水勒近照

对马的控制程度选择合适的水勒。

5.3.3　使用方法

① 使用水勒前先检查马匹的鼻革和喉革，应是解开的，鼻革、颊革和衔铁没有缠绕，皮带都平整。

② 把缰绳从马头上放置颈上，然后解开笼头，将其扣在马颈上。解开牵马绳，但是让绳子穿过安全绳。

③ 站在马左侧，靠近马头部附近，面朝前方，在水勒一半的位置向上抓住颊革。如果马移动它的头，可以把右臂环绕在马鼻子上使头稳定。

④ 为马匹佩戴衔铁，把衔铁滑进去后，朝着双耳的方向提起缰绳，让衔铁保持足够的高度待在马嘴里，注意不要让颊革扫到马眼睛。

⑤ 轻轻压弯马的耳朵，使它们滑到项革和额革之间，小心不要让水勒滑回马的脸上。项革应该舒适地位于双耳的后面。

⑥ 检查鬃毛的顶部，平整地在项革下面放平，从额革下面提起门鬃。确保额革从前面看是水平的，也不会压到两边的耳根。接下来，检查衔铁两侧的高度是否一致、平稳地位于嘴里。鼻革在水平位置，侧方的带子与颊革在一条线上，避开眼睛。

⑦ 扣紧时，鼻革和马的下颌骨之间能够放入两根手指。扣紧喉革时，确保右侧的喉革没有缠绕地穿过颊革，在它和马脸颊之间能放入四根手指。

马匹佩戴水勒侧方视角

5.3.4　代表产品

德国V眉亮钻多功能综合水勒精选上等水牛皮制作，细腻光亮，有柔韧性且很结实，经久耐用。V眉水勒在耳部、鼻部均采用厚实的软牛皮作为内衬，更具舒适性，对马的头部有很好的保护作用。

德国双色牛皮扭花水勒采用精美手工编花，在眉部、耳部、鼻部位置都做了加宽处理。双耳夹扣不仅可以调节，

德国 V 眉亮钻多功能综合水勒

还可以选择不同的颜色。

迪卡侬IVG3水勒采用聚氨酯+聚丙烯作为主体面料制作。可拆卸鼻革可以作为法式鼻革使用。配有方便调节的滚轮扣以及灵活而有力的缰绳握把，驾驭马匹更方便。

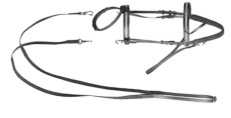

德国双色牛皮扭花水勒　　　　　　　迪卡侬 IVG3 水勒

●—5.4 衔铁

衔铁是水勒的组成部分，放置在马舌之上。衔铁可以通过对马头的7个部位施加压力，来控制马匹。这7个部位分别是：嘴角、牙齿间隙、舌头、项部、下颌槽、鼻子和上腭。

5.4.1　溯源明理

早期的驯马师在驯马时可能使用一些类似衔铁的用来控制马匹头部的"装备"，这些"装备"可能由皮筋、皮革或绳子组成。因时间久远，材料很难确定。公元前1300～公元前1200年间出现了金属衔铁。金属衔铁最初由青铜制成，现代常用的金属材料包括不锈钢和镍合金。

衔铁有数百种设计，但基本上都是根据使用或不使用杠杆的原理来设计的，其中不使用杠杆原理的较少，使用杠杆原理的种类繁多。不同性格和品种的马匹对衔铁的使用要求各不相同，大多数的衔铁以不锈钢材质为主，表面光滑，重量适中。

衔铁的目的就是让最敏感的马嘴部分，因受到压力感到压痛，马匹就会立刻服从骑手发出的指令。不同类型的衔铁有不同的作用。

马匹装备衔铁特写

在众多的马术装备当中，衔铁是体积较小的一种，但其发挥的作用却很大，而且非常重要，骑手通过拉动衔铁给马匹传递信号，马匹接收了骑手的信号后就会以行动回应，优秀的骑手准确地通过自己的骑行风格，利用缰绳将压力施加在衔铁上，马匹就会知道"纠正"自己的错误，听从指令。可见衔铁在马术比赛中起着决定性作用。

5.4.2　选购要点

在挑选和佩戴衔铁之前，首先要了解的便是马嘴的不同形状会在哪些方面影响衔铁的挑选。

由于马嘴呈多样化，所以在去马具店选购衔铁前，应先仔细观察自己的马匹的特点。首先，从外侧观察马嘴，可以用光滑面的马鞭或吸管来实际测量出马嘴的宽度，将马鞭或吸管放到马嘴里的中间位置，就像佩戴衔铁一样。然后，在嘴唇两侧外的马鞭或吸管上做出标记，测量便知将要选购衔铁的最小宽度。通常情况下，如果是单节小环衔铁，应长出所测量宽度0.5~1厘米，而双节小环衔铁，如佩勒姆衔铁或杠杆大勒，则长出2毫米左右即可。衔铁的宽度要参考中间横杆的宽度。一般来讲，大多数高1.49~1.62米的小型到中型马匹应选购12.5~13厘米宽的衔铁，而大型马则需佩戴13.5厘米甚至更宽的衔铁。

其次要看马嘴的内部。通常认为较厚的衔铁相对较轻的衔铁力度会更容易让马匹接受。这条原则在大多数时候是适用的，但在极端的情况下，有些衔铁会非常厚，马嘴内几乎没有足够的空间来容纳它。多数马匹的舌头和上腭之间都有足够的空间，并喜欢这种超厚的衔铁。但对于那些有厚厚的舌头且上腭较平的马匹，嘴里的空间就相对小很多。

马佩戴衔铁时的嘴部状态

5.4.3　使用方法

给马匹佩戴衔铁时要注意，衔铁是否有磨损的地方，不要用力地去顶着马的牙齿或者拉扯它的嘴，因为这可能会引起马匹对戴衔铁的抵触。

把衔铁在手上放平，把它举到马匹的嘴边。有些马匹可能要等一会儿才张开嘴，所以要有耐心，给马匹时间。用力把衔铁推进去会让马匹不舒服并产生更多的抗拒。如果马匹没有自动张开嘴，轻轻将拇指滑进马嘴角没有牙齿的位置，鼓励马匹张开嘴，把衔铁放进马嘴时，小心不要让衔铁撞到马匹的牙齿。

马匹佩戴衔铁

衔铁特写

5.4.4　代表产品

CAVASSION O形口衔铁采用三节式设计，结实牢固、耐磨耐用。

CAVASSION克伯威克衔铁主要通过缰绳的位置调控作用力，可以更好地掌控马匹。保持衔铁与马嘴最高处有适当空间，力度舒适，促进马嘴放松及唾液的分泌。

比利库克O形衔铁采用不锈钢材质，环可以自由转动，接触轻柔，不会伤害马匹，可有效控制马匹的头部和颈部。

CAVASSION O 形口衔铁

CAVASSION 克伯威克衔铁

比利库克 O 形衔铁

5.5 马镫

马镫是一对挂在马鞍两边的脚踏，供骑手在上马时和骑乘时用来踏脚的马具。

5.5.1　溯源明理

马镫在骑行中对马背上的骑手起到支撑作用，是马术运动中不可或缺的元素。骑兵时代早期，没有马镫的战士们无法很好地将自己稳定在马背上，人的力量、马的力量和武器的力量就不能合而为一。马镫的出现解放了骑兵的双手和身体，也大大推动了人类文明史的发展。英国科学技术史专家李约瑟说："极少有发明像马镫这样简单，却在历史上产生了如此巨大的催化影响。"马镫的发明在最初帮助了欧洲封建制度的建立，使得中世纪的欧洲进入了骑士时代。

马镫的作用不仅是帮助骑手上马，更主要的是在骑行时支撑骑手的双脚，以便最大限度地发挥骑马的优势，同时能有效地保护骑手的安全。

根据马术项目的不同，在连续多年使用并且日常大量使用的基础上，马镫必须能始终承受相当于骑手体重3～4倍的重量。马镫的使用环境经常是较为复杂的天气条件，它们常常与沙子、湿气、汗水和紫外线接触，还要暴露于随季节变化而变化的各种温度中，如炎热的夏季、寒冷的冬季或是雨季，这使得马镫易于老化，所以其质量要求也比较高。

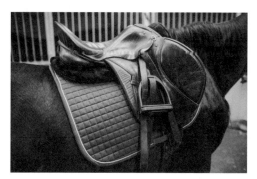

马匹配备的马镫

5.5.2　选购要点

选择马镫时，重要的是产品质量。市面上马镫种类繁多，通常很难做选择。安全系数对于骑手来说是特别重要的，而有一些不太明显的因素会影响马镫的安全性，比如所用材料的强度和稳定性。一些价格低廉的马镫通常由不耐天气变化和不耐腐蚀的材料制成。当暴露于变化的气温中时，这种材料会生锈进而导致材料结构发生变化或材料疲劳。金属和塑料材质的马镫都会发生这种情况，特别是塑料马镫，它的抗紫外线能力至关重要，因为太阳光会使得材料疲劳、变脆和开裂。

骑手的脚踩在马镫上

另外，脚踏面的大小和性质对马镫的安全性也会产生影响。脚踏面的宽度至少是前脚掌两侧各加0.5厘米。脚必须在马镫中能轻松移动。但是，马镫也不能太大，否则脚有完全滑进马镫中的风险，在最糟糕的情况时，骑手的脚就可能会被卡住。

5.5.3 使用方法

虽然骑手可以骑在马背上调节马镫的长度，但是在骑上马之前进行调节更容易。要想得到合适的马镫长度，可将马镫拿下来，两只手握住马镫伸平，使马镫环绕于背部，调整马镫长度，直到它的长度与手到腋窝的长度相当。这个方法只是调整到良好的基础长度，上了马鞍后，既可以自己进一步调节，也可以请专业人员调节。

马镫特写

5.5.4 代表产品

ACAVALLO安全马镫做工精细，其弓部是铝材质，镫柄由特殊的聚酰胺制成，镫环部分则是不锈钢材质，防滑、安全更耐用。

CAVASSION一体式马镫采用不锈钢一体式浇铸成型，结实耐用。与鞋底接触位置为凹凸防滑面材质，安全系数更高。

八尺龙马镫采用不锈钢材质，重约1.15千克。这款马镫具有防滑耐磨功能，升降方式能助人上马，脚踏处牢固耐用，不易脱落，上马后可收起、折叠马镫。

马镫前侧方视角

ACAVALLO 安全马镫

CAVASSION 一体式马镫　　　　　　　　　八尺龙马镫

5.6 马术头盔

马术头盔由强度较高的材料制成，如碳纤维、超高分子量聚乙烯、ABS等新兴材料，在做到减轻自身重量的同时，可以通过它的变形来吸收大部分冲击力。

5.6.1　溯源明理

头盔的最初用途是在战争中保护头部。在残酷的战斗中，头部总是首当其冲。现代马术头盔讲究实用，可以在骑手不幸坠马时最大限度地保护骑手的头部。

为了保证马术运动的安全进行，一个品质优良的马术头盔必不可少。而与其他类型头盔不同的是，在构造上，马术头盔要求在一定的冲击力下能够裂开以降低冲击力对头部的损伤。

马术头盔也像马鞍一样出现了不同的流派。一派是具有欧洲渊源的款式，强调庄重简洁，颜色以深色为主，其中黑色居多。另外一派是具有浓郁美国西部风格的马术头盔，以美国品牌"特路赛"为代表。传统的美国西部牛仔不戴马术头盔，而是戴宽边毡帽。宽边毡帽也许适合19世纪，却已经不适合21世纪休闲骑乘时人们对于安全的要求。有人想过在宽边毡帽里面放置一个头盔的芯，但是不甚成功，因为那样看上去有些奇怪，制作也不方便。于是结合了西部牛仔风格元素的马术头盔开始风行。西部风格马术头盔的选材要用真牛皮，用天然色，在全牛皮头盔上还做出有印第安风格的刺绣或压花。这种风格的马术头盔非常适合休闲骑乘的格调。

对于马术头盔这样的安全护具，欧洲和美国分别有安全认证的要求。在欧洲，通过认证的产品可以使用CE标志；在美国，使用SEI标志。

戴着马术头盔的骑马爱好者

5.6.2 选购要点

相对而言，马术头盔越轻越好，相对价格也就会越高。但是越轻的马术头盔，它通过各国国家安全认证的测试标准的概率就越小，所以选马术头盔的前提是必须通过各国国家安全认证的测试标准。马术头盔的轻重不是衡量一款头盔好坏的重要标准，主要还是考虑材质、安全性以及品质和功能。

抱着马术头盔的马术爱好者

马术头盔

5.6.3 使用方法

① 测量头围。用一条软尺或一条软绳和直尺，一般是在眉毛上方处选择头部

尺寸最宽处进行测量。根据头围尺寸选择合适的头盔。

②　将头盔戴在头上，检查头盔是否在正确的位置，帽檐应在眉毛上方一点。

③　将后面的调节钮旋紧至舒服且安全的程度，但不要过紧（此时颌带不扣）。

④　可根据需要，双手顶住两侧向上推，进行微调。

⑤　正确调节颊带。打开颊带上的卡扣进行调节，使两条带子分别位于耳朵两侧，两带的交合处（即卡扣的位置）位丁耳朵下方的舒适位置。

⑥　系牢颌带。注意咽喉处带子不要过紧，可伸入一指，保证呼吸顺畅。

⑦　如果颌带过长，可打开并移去防磨套，调节至合适长度，再将防磨套装上。

不同种类的马术头盔

5.6.4　代表产品

KEP马术头盔通过顶部通风口引入气流能够让头盔内部的闷热得到缓解，从而由后部通风口排出头盔内部所产生的热气。ABS盔体外层可有效防止意外碰撞，持久且不易损坏。

优维斯马术头盔采用全拆洗内衬设计，吸湿、快干、方便清洁，佩戴舒适。FAS快速调节带，可轻松连续调节以适应不同头形，单手就可操作。

RIF马术头盔盔体采用ABS防撞材质，具有良好的抗冲击效果。内部设置多个空气网孔，透气效果良好。科

KEP 马术头盔

优维斯马术头盔

RIF 马术头盔

学且人性化设计，可根据个人头围大小调节。大帽檐保护套，可避免发生意外情况。

5.7 防护背心

防护背心是骑马时所穿的马甲，也称为骑马防护护甲、安全马甲等。

5.7.1 溯源明理

防护背心外形酷似防弹衣，可为骑手提供额外的保护。它可以保护骑手的脊椎、肋骨和内脏，减少骑手摔倒时受到的冲击和伤害。

常见的防护背心有两种类型：充气防护背心和普通防护背心。它们之间的关键区别在于，充气防护背心只在背心膨胀时起保护作用，而普通防护背心则提供长久性的保护。研究表明，充气防护背心可以为骑手落马时提供一定的保护，比如马摔倒把骑手压在身下时可保护骑手免受伤害。普通防护背心可以避免额外的、潜在的危险物体，如马蹄和障碍杆之类对骑手造成伤害。

马术爱好者正在穿防护背心

5.7.2 选购要点

在选择防护背心时，最好到马具店试穿，根据上半身长度选择尺寸。值得一提的是，防护背心本身的重量与安全系数成正比，美观舒适与安全性不可兼得。

5.7.3 使用方法

以充气防护背心为例。充气防护背

防护背心上身效果

心配有一根绳子系在马鞍两边的D环上，背心上有一个卡扣连接这个已连上D环的绳子。如果骑手从马鞍上被弹起来，绳子或系带就会触发背心的激活装置。接着，这一系列动作就会刺穿气罐，气罐立即释放出空气，在骑手触地之前使防护背心充满气体以保护骑手。

充气防护背心使用后应彻底检查其是否有撕裂和气罐损坏的情况。如果骑手坠落很严重，应该让制造商检查充气防护背心，以确保它仍然能够正常工作。

穿着防护背心的马术爱好者

5.7.4　代表产品

迪卡侬儿童马术防护背心内里采用打孔泡沫垫，背心可调节，穿戴时应尽量贴合身体并贴紧，为儿童提供更好的专业保护。

CAVASSION马术防护背心内衬采用透气干爽面料制作，加大了耐磨性。采用小块拼接设计，运动更自如。侧面具有可调节弹力绳，能根据骑手的身型调节大小，穿着更舒适。

SWING马术防护背心走线工整，做工精细。采用凝胶设计，发生碰撞时，凝胶会主动降低冲击力。采用排汗速干材质，透气，易清洗。两侧肋垫设计，可有效保护两肋。

迪卡侬儿童马术防护背心　　　CAVASSION 马术防护背心　　　SWING 马术防护背心

5.8 马术手套

套马的缰绳非常粗糙，很容易擦伤皮肤，马术手套就成为骑马必不可少的一种装备。

5.8.1 溯源明理

马术手套有真皮和化纤两种材质。真皮手套的档次和舒适感都很好；化纤手套掌面带胶粒，增加摩擦以便抓紧缰绳。马术手套的虎口以及小指和无名指之间增加了一层皮垫，耐缰绳的摩擦。内层为棉质，可吸汗。马术运动的前提是安全，所以任何一个细节都要注意。

黑色马术手套

5.8.2 选购要点

① 马术手套需要具备防滑、防勒手、防摩擦等功能。一旦打滑，会让骑手无法控制缰绳。戴马术手套可以让双手保持对马匹的稳定操控，以及在马匹过于强壮及不受控制时，增强对牵马绳或者调教索的抓力。

② 马术手套要贴手并且不能太厚，要能精准控制马匹。一双合适的马术手套需要能够增强手部的抓缰能力，但不能过于厚重，无论是过于厚重还是过滑，骑手在骑马时都会"感受不到缰绳"。

马术手套及马术头盔

5.8.3 使用方法

骑马时一定要戴马术手套，因为拉缰绳有一定的手势，如果不戴马术手套会对手产生伤害。在戴马术手套时先检查其有无破损，戴上后一定要使马术手套紧贴手掌。

骑马者戴着马术手套握住缰绳

5.8.4　代表产品

优维斯马术手套的指尖部分采用柔软触感材质，可使用触摸屏。手掌部位为4D拉伸材料，灵活贴合手部。魔术贴设计，提升佩戴舒适度。

博顿马术手套的手掌部位采用斜纹硅胶，手背为锦纶材质，具有防滑、透气、吸湿的特点。手腕处有魔术贴，可自由调节松紧。食指上增加厚虎口贴片，起双重保护作用，使抓缰绳时更耐磨。

八尺龙马术手套采用防滑聚酯纤维为材料，配合超纤皮，凸显高档品质，时尚感十足。抓缰绳部位采用线条特性，抓缰绳更为舒服和稳固。背面采用透气材料，佩戴更为舒适，整体颜色大气沉稳。可根据需要自由调节松紧，方便实用。

| 优维斯马术手套 | 博顿马术手套 | 八尺龙马术手套 |

5.9　马裤

马裤是专为骑马方便而设计的一种裤子。

5.9.1　溯源明理

马裤起源于历史上军事骑兵所穿的服装。由于马裤弹力大、耐用性好，因此十分受英国骑兵军官欢迎。20世纪早期马裤也是欧洲骑兵部队的标配，后来骑兵演变为摩托部队，所以军队里面穿马裤的有摩托部队和军官团，之所以有军官团，是因为军官团骑马往往被认为是军队中的精英。

随着网球、滑雪及摩托车运动的兴盛，马裤的穿着范围也在变大。到第二次世界大战时，马裤在陆军中是很普遍的，甚至成为军服。在现代时装设计中，设计师会时不时地将马裤配合当代面料来呈现一种高级感，虽然其实用目的已经大大降低了。

由于马术运动功能的需要，现代马裤多用四向弹力面料制作。弹力面料的马裤可以让穿紧身裤的骑手自如地做出剧烈的动作。由于以前没有弹力面料，传统马裤的裤裆及大腿部位非常宽松，而在膝下及裤腿处逐步收紧以适合裤腿穿进马靴。这种设计也是为了让骑手在马上可以活动自如。

马裤有半皮和全皮之分。所谓半皮是指马裤的膝盖内侧有加固面料；所谓全皮是指臀部和膝盖处都有皮料加厚，这是因为这些部位都是骑马时马裤磨损最多的部位。现在马裤使用的皮料都是人造的，具有和皮革一样的外观和更加优异的物理性能。

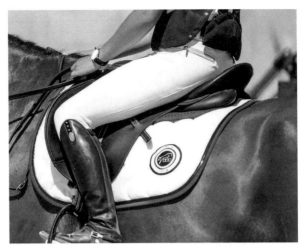

白色马裤

5.9.2 选购要点

① 挑选马裤时，尽量选择舒适、有弹性、尺码合适、结实并且易于保养的面料。贴身的马裤可以让骑手与马匹的接触面更为顺滑，减少摩擦。

② 选择胯部有弹性或宽松的马裤，膝下及裤腿处逐步收紧，剪裁修身。收拢的裤型设计，同样可以减少骑手与马匹之间的摩擦。另外，裤腿的收拢设计，方便穿脱马靴。

③ 购买马裤时，要观察马

黑色马裤

裤设计与耐磨层分布位置。膝盖内侧及臀部后片部位有耐磨层，可防止骑手的皮肤被磨伤。专业马裤更重要的作用在于臀部和大腿下部提高了摩擦力，能达到稳定骑坐的目的，就跟"粘"在鞍上一样。

5.9.3 使用方法

在所有场地马术比赛中，骑手都必须穿着骑装参赛。骑手必须头戴头盔，身穿骑马服。男选手必须穿白马裤，而女选手可穿白色或浅黄褐色的马裤，同时穿黑靴。

穿着马裤的马术运动员　　　　　　　　　　浅黄褐色马裤

5.9.4 代表产品

Hello Horse马术马裤采用四维拉伸超弹面料，提供全效包裹但不紧绷，提供长效肌肉支撑。严苛的织造工艺造就细腻奢华的面料触感。速干纱线结构配比让运动过程干爽轻盈。

洛·奇马术马裤采用全硅胶防滑设计，增加了安全系数。整体设计符合人体工学，立体裁剪，走线工整，穿着更舒适。

八尺龙硅胶马术马裤膝盖部位采用特制硅胶，防滑，可保护小腿部位，减少摩擦，延长马裤的使用寿命。侧面采用精美刺绣，时尚感十足。裤脚为弹力布，松紧适合，穿脱更加方便。

Hello Horse 马术马裤　　　　　洛·奇马术马裤　　　　　八尺龙硅胶马术马裤

5.10 马靴

马靴是马术运动中的重要装备之一。

5.10.1　溯源明理

马术运动对于服装的仪式感有很高的要求，价值不菲的马术装备是必不可少的物品，既能够给人以视觉享受，又是安全的重要保障。作为马术运动重要装备之一的马靴，因其造型流畅美观，气质优雅硬朗，而令骑手英气焕发、帅气十足，是马术比赛和马术表演的标准着装，也是骑手日常训练中的必备着装。

马靴通常以优质的牛皮制作，结实耐用。一般情况下，马靴的靴头尖，靴跟为方形，这有利于骑手在马上跌落时脚与马镫脱离。而靴头有硬度是保护人脚在被马蹄踩到时不会受伤。在正规的马术比赛中骑手必须穿高筒长靴，而在普通的骑乘与训练中骑手穿长靴或短靴（配上护腿）即可。

马靴的舒适性与时尚性并存

5.10.2　选购要点

马靴的材质主要为猪皮、牛皮、羊皮，这三种皮质各有特点。牛皮材质的马靴，牢度强；猪皮材质的马靴比较经济实惠；羊皮材质的马靴质地柔软，穿着轻巧，但牢度不如牛皮和猪皮材质的马靴。而马靴的外皮以牛的头层皮为佳，其中水牛皮的档次最高，价格也非常昂贵。市场上马靴的皮革几乎都是黄牛皮。靴筒内衬的

运动员正在擦拭马靴

皮革以羊的头层皮为最好，柔软的皮质透气良好又吸汗。在选择马靴时，牛皮和猪皮材质的马靴，表面平滑、细腻、光亮，用手按皮面富有弹性，羊皮材质的马靴帮面粒纹应粗细一致。靴底要平顺，厚薄均匀，靴跟平正，无损伤。

5.10.3　使用方法

一般牛皮和羊皮等真皮材质的马靴，未穿前应先涂一层薄薄的鞋油，让鞋油在马靴表面形成一层保护膜；易沾灰尘的绒面材质马靴，未穿前应在鞋面上轻轻喷一层防滑剂，干后再用刷子轻轻刷过，这样以后的保养比较简单。穿过的马靴应及时清洁干净，否则灰尘污垢堆积在鞋面上，会缩短马靴的使用寿命，如果穿时再整理需要花双倍的时间。

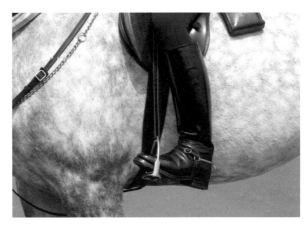

踩在马镫上的马靴

5.10.4　代表产品

HILLMAN马术长靴采用英式鞋头设计，双车道线缝。鞋底有深度防滑纹理，后跟独特的拼接+按扣设计，别具一格。

八尺龙马术马靴采用优质头层牛皮制作，增加一圈弹力布，增强了马靴的透气性。松紧弹力增强走路和骑行时的舒适度，解决脚背过高的担忧。

迪卡侬马术马靴采用优质PVC材料制作，锦纶鞋垫柔软舒适。精选的合成材料帮面，能很好地承受马鞍的摩擦。防泼水材质，既可用于骑马，也可用于雨天出行。

HILLMAN 马术长靴　　　　八尺龙马术马靴　　　　迪卡侬马术马靴

第 6 章

钓鱼用具

大多数现代人已经不需要亲自捕鱼来满足食物需求，如今钓鱼已成为一种娱乐消遣、竞技加上社交的户外运动。

6.1 渔具包

渔具包是钓鱼重要的辅助工具，顾名思义是用来装渔具的包，又称鱼竿包、钓竿包、钓鱼包、钓具包等。

6.1.1 溯源明理

随着钓鱼技术的提高，钓鱼的装备越来越多，很多人会追求精细化的钓鱼器具，杂乱无章的钓鱼工具如何收纳却让人无从下手。渔具包是每个钓鱼人必备的单品，一个好的渔具包，可以贴心保护好各种钓鱼用品。

渔具包最主要的作用是装载钓具。为了保护钓竿，有些渔具包内部还有固定带，这样就能防止钓竿在包内晃动。除了装载钓竿外，渔具包还可以装载饵料、线组、浮漂、钓椅、饵料盆、炮台、鱼护、抄网等钓具。

渔具包背面一般配备手提带和背带，侧面一般配备多个侧包。因用途不同主要有淡水包和海水包两大类，因装载钓竿不同主要有直方包和大肚包两大类，因层数不同主要有单层包、双层包、三层包等。

直方包主要用于装载手竿，外形多呈长方体形，长度一般为0.6~1.3米，其中0.9米内的直方包适合用于装载溪流竿，1.2~1.3米的直方包则适合用于装载台钓竿。

大肚包主要用于装载海竿，所谓海竿泛指所有配备渔轮的钓竿，这种渔具包为了能容纳海竿的渔轮都是"大肚"设计并因此而得名，长度一般为0.6~1.2米。

背着渔具包的钓鱼爱好者

6.1.2 选购要点

渔具包的种类非常繁多，买渔具包一定要充分考虑所要携带的钓具，以避免出现钓具装不进去的情况。例如以海竿为主时要买大肚包，以手竿为主时则要买直方包。

渔具包的大小非常重要，尤以长度最重要，原因是如果太短，钓竿可能放不进去。买渔具包时一定要考虑现有钓竿的长度（收缩长度），买钓竿时也要考虑渔具包能容纳的长度。

渔具包的材质有牛津布、PC、ABS、PU、PVC等，可根据实际需要灵活选择，还要观察渔具包的车工走线、金属件等，这将直接影响渔具包的寿命。

渔具包特写

6.1.3 使用方法

每次钓鱼结束后，先把包内的物品取出来，再用清水把渔具包彻底洗干净，最好把配件拆下来再洗，这样可以清理得更彻底。保持渔具包干燥，包内潮湿会让渔具发生霉变。腥味饵料难闻的气味，也容易滋生细菌。

注意渔具包的承重，不能放太重的东西，负载过重会导致渔具包损坏，甚至挤压坏内部物品而不能使用。平时渔具包要轻拿轻放，不要拖拉和用力翻动渔具包，避免摩擦损伤渔具包的表面。在野外时尽量把渔具包放在平整的地面上，防止地面凹凸损坏渔具包。

钓鱼者背着渔具包准备钓鱼

背着渔具包正在钓鱼的钓鱼者

6.1.4 代表产品

达亿瓦HG（B）系列渔具包主要空间可放置中型收纳盒（约26厘米×19厘米）

2~3个，采用PVC材质透明上盖，即使是三本钩也不易钩住。外罩固定在主要收纳空间上盖的端部，不用担心会丢失。

史密斯户外渔具包采用硬壳设计，可保护硬饵、亮片等，防止压坏。有多个口袋，实用性强，小口袋内还可放入路亚钳、剪刀等小物品。包带可伸缩，钓鱼者能根据自己的身型自由调节舒适的位置。

森林狐TYW18007A渔具包采用防水防刮面料，轻便合金支架，坚固耐用。专业定制底壳，防滑程度高。主袋三层均设有钓竿固定扣，专业定制扣具，经久耐用。

达亿瓦 HG（B）系列渔具包

史密斯户外渔具包

森林狐 TYW18007A 渔具包

6.2 钓竿

钓竿是指钓鱼的竿子，是非常重要的一种钓具。

6.2.1 溯源明理

钓竿拥有相当长的历史，几乎是在人类开始学会使用工具时，钓竿的雏形就已经初步形成。古时候，钓鱼只是生存的一种手段，人们使用树枝、竹竿、芦苇等植物制成简易的工具用来捕鱼，这就是最初钓竿的形态。在经历了上千年的沉淀之后，钓竿出现了前所未有的发展，各种新颖的专用钓竿层出不穷。

现代的钓竿一般由配节、竿帽、导眼、轮座、把手、尾件、失手环、挂钩器组成。

钓竿按材质分为竹木、玻璃钢、碳素三大系列。其中，碳素钓竿根据含碳量的不同，分为低碳钓竿、高碳钓竿和超高碳钓竿。

钓竿按用途分为手竿、海竿（又称甩竿、投竿）两大类。手竿分为溪流竿和台钓竿，海竿分为投竿、矶竿和路亚竿。手竿和海竿的区别在于手竿不带渔轮，海竿则带渔轮。

钓竿按照用法又分为插接式钓竿（又称并继式钓竿）、抽拉式钓竿（又称天线式钓竿、振出式钓竿）、换把钓竿（又称可换底柄钓竿）、中通钓竿。

钓竿有一个非常重要的参数，那就是调性。所谓调性其实是指钓竿竿体的软硬程度。钓竿调性本意是指碳素钓竿本身的含碳量在承受整体拉力所能达到的整体弯度，也就是说相同的钓竿，含碳量不一样，就有了调性的区别。

调性的划分在于使钓竿适合垂钓不同鱼类、不同钓法的需要，以及为满足钓鱼爱好者的习惯和爱好而设计制造钓竿。对于一般的传统手竿，最简单的调性的区分方法是：将钓竿全长划分10等段，水平持竿，于竿体自然弯曲形成的弧度的切线点所在位置为判定调性的依据。如弧的切线点在前一段为超硬调性竿，也称为1.9调性；在前两段为硬调性竿，也称为2.8调性；在前三段为中调性竿，也称为3.7调性；在前四段为软调性竿，也称为4.6调性；在前五段为超软调性竿，也称为5.5调性。总体来说，软调性竿起鱼时的手感非常好，而硬调性竿起鱼时的速度比较快，适合钓比较大的鱼。选择钓竿的调性，对于充分发挥钓竿的性能以及垂钓有针对性的鱼类和施钓方法十分重要。不同调性的钓竿有其不同的特性及各自的长处和不足。

钓竿特写

6.2.2　选购要点

钓竿是钓鱼时需要用到的重要工具之一，需要提前准备好。而钓竿种类繁多，它们的材质、长度等方面都是不同的，在选择时这些因素都需要考虑。

　　首先是材质，一般来说，刚开始接触钓鱼可以直接尝试玻璃钢制作的钓竿。在练习钓鱼一段时间之后，则可以使用碳素钓竿。另外还需要注意的是钓竿的长度，不同长度的钓竿适用于不同的钓鱼环境，因而也需要根据具体情况才能加以选择。例如，若是在比较大的水域中垂钓，或者垂钓的深度比较深，则建议选择长一些的钓竿；反之，可以选择短一些的钓竿。

钓鱼者正在抛竿

6.2.3　使用方法

　　使用钓竿时，先将堵头取下，按顺序一节节地依次抽出，抽出时力量应大小一致，每个竿节的接口都要稍稍拧紧，不留缝隙，这样可以使钓竿受力均匀，充分发挥钓竿的整体弹性，防止竿裂。

　　垂钓时，应注意防止踩坏放在地上的钓竿。上鱼提竿不要太猛，应尽量避免直接提鱼上岸和将上钩的鱼提出水面。应顺势牵引，大鱼一定要溜鱼，鱼溜乏后使用抄网，减少钓竿的受力强度。

　　钓鱼结束后，应该从手把节开始，从粗到细依次收竿。收竿时，手上的力量不要太大，左手握捏上一节，右手握住下一节，分别向两个不同的方向轻轻一拧即可。

在海边钓鱼使用的钓竿

船钓时使用的钓竿

6.2.4 代表产品

迪卡侬路亚竿碳素钓竿采用轻量化铝合金斜口线杯。顺滑陶瓷导环加大孔径, 出线顺畅。轻量化镂空加固轮座, 握感更适宜。

迪卡侬OVF鲤搏钓竿采用高碳材质, 轻量竿身。精致碳银涂装设计, 万向旋转竿梢, 避免绕线。竿壁均匀加厚, 切口整齐, 收竿更便捷。

枫瀚S513钓竿采用360度旋转竿梢, 不绕线。大力马线结实耐用, 对中型鱼敏感度高。尾部金色的点缀让整竿彰显不凡的气质。钢琴烤漆工艺, 持久耐用, 不掉漆。葫芦把更贴合手掌, 防滑, 易清洁。

迪卡侬路亚竿碳素钓竿

迪卡侬 OVF 鲤搏钓竿

枫瀚 S513 钓竿

6.3 渔轮

渔轮, 也叫渔线轮、放线器、卷线器, 是海钓必备钓具之一。

6.3.1 溯源明理

渔轮的工作原理其实就是曲轴传动原理。曲轴最早出现在中国东汉时期(公元3世纪左右), 发明之后便得到普遍运用。据野史记载, 三国时期, 诸葛亮制造的木牛流马就是运用了曲轴传动的原理。

渔轮是现代叫法, 在古时候称为"钓车"。最初称呼渔线为"丝""缗""纶"

或"绳"。而钓鱼牵动丝、缗、纶、绳的工作原理，与水车的辘轳相似，当时的人们自然会联想并形象地把垂钓过程中摇动收放渔线的工具命名为"钓车"。虽然古代的钓车不能与今天的渔轮相提并论，但渔轮的工作原理确实是秉承钓车的传动原理。20世纪80年代，随着钓鱼活动的普及，设计合理、功能齐全的渔轮开始进入大众视野。

现代的渔轮通常由摇把、摇臂、逆止钮、主体、轮脚、导线轮、线轮、抛线螺母、勾线夹、线壳、泄力装置11个主要部件组成，主要分为鼓式渔轮和纺车式渔轮。

鼓式渔轮别称鼓式卷线器，因外观酷似大鼓而得名，由卷线槽、止转杆摇臂、侧板、轮脚、平衡重锤等部件组成。特点是渔线的排列方向和出线方向一致，优点是操作顺手、抛投准确，缺点是收线慢、远距离抛投容易因出线不及时而乱线。

纺车式渔轮是一种常见的渔轮，又称旋压式绕线轮，由线杯、线挡、摇柄、卸力装置、逆止开关等部件构成。特点是摇轮绕线时线杯固定不动、利用线挡的旋转将渔线缠绕在线杯上，优点是操作简单、抛投阻力小、不容易乱线，缺点是容易炸线、抛投准确性略差。

渔轮特写

6.3.2　选购要点

喷漆颜色

不同配件上的相同颜色设计不应出现明显的颜色差异。

喷漆光泽度

渔轮漆面不应有光泽度不均匀的现象。

喷漆光泽度

渔轮漆面不应有明显可见的颗粒状物。

印刷/激光刻

渔轮上的印刷字体与图案应完整清晰。

毛刺加工痕迹

渔轮表面应平顺且不刺手。

操作平顺度

渔轮后侧方视角

快速转动摇把然后释放，如果渔轮相关零组件的配合越松，阻力越小，则转动越快，但相应地，这种渔轮的寿命也就越短。

配合精度

用手摇动各个组件，配合间隙越小越好，不应有太大的摇动幅度。

轴向间隙

渔轮大齿轮的轴向间隙应该为0.03～0.15毫米。

6.3.3 使用方法

① 检查渔轮的绕线量（一般包装盒上都有标注），选择适宜的渔线型号。

② 将渔轮装在钓竿上，关闭渔轮逆止开关。

③ 将线的一端打结，穿过钓竿的一个导环，翻开渔轮的出线环，将线系在线轮上，关合出线环，拉抻渔线，确保其牢固性。

④ 保持渔线直紧，开始匀速转动渔轮摇把缠线。

⑤ 若绕线高度低于线轮边缘1.5～2毫米，不要多绕或少绕，否则将阻碍正确抛线。过程中始终保持渔线直紧，停止缠线后剪断渔线。

⑥ 把渔轮固定在钓竿的渔轮座上即可以准备施钓。

钓鱼者正在使用渔轮

钓鱼者手持渔轮

6.3.4　代表产品

禧玛诺VANFORD渔轮拥有双握把外观，驱动齿轮的齿面通过三次元设计技术和细密的设计，齿轮由禧玛诺的冷锻技术形成。大型化齿轮及合理设计，通过提高齿轮精度及性能，减少渔轮回转阻力，提高齿轮部的力传达效率。

达亿瓦ALPHAS AIR TW渔轮由全铝外壳组成，它的线杯总成由轻量内转轴与轻量线杯组合而成，可提升回馈稳定性。通过调节"零调整钮"和设置"线杯零晃动"，以及磁力刹车的发展，可以仅用磁力刹车旋钮控制假饵。

云涯海畔1000型渔轮整身采用增强材质加固。其主体为碳纤维材质，盖板及飞轮重量轻、强度高，在确保轻量化的同时保证渔轮有足够的强度。采用不锈钢材质轴承，确保转动极其顺畅，更耐海水腐蚀。

禧玛诺 VANFORD 渔轮

达亿瓦 ALPHAS AIR TW 渔轮

云涯海畔 1000 型渔轮

 渔线

渔线是指垂钓活动中，用于连接钓钩及各种小配件的丝、线或细绳。

6.4.1　溯源明理

远古时代，在采集活动中，人们逐渐对植物的纤维（如野麻、葛藤等）

有了一定的认识，于是便利用这些纤维来搓制绳索，绳索的出现很快被用来钓鱼，这些是最初的渔线。

尼龙的发明是近代材料史上的一大创举，它给国防、民生等领域带来了革命性的变革。现代渔线的生产随着高科技的介入，又有了飞跃的发展，出现了如陶瓷线、碳素线等一大批高档渔线。它们采用高分子聚合材料，经多种技术处理，抗拉力、耐磨性能等方面提高到尼龙线不可比拟的程度。国外还有一种超细纤维合成的编织线，每条线由上千条细纤维组合，拉力大得惊人。还有一些细线比头发细，但其可承受的拉力是头发的很多倍。有些渔线是用防弹衣材料制成的，即使用剪刀剪断也要使出较大力量。

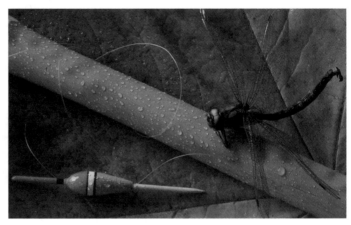

渔线上方视角

6.4.2　选购要点

看线

拿到渔线后，首先看包装说明以及数据指标是否符合标准。然后打开外包装目测，无论什么颜色的渔线，线的表面必须有光泽（编织线除外），透明线不能有颜色出现，有颜色的线不能发白，如果有与本色线不相符合的颜色出现在渔线中（除生产时带色），表明渔线质量一定有问题。

摸线

将渔线拉出一段，用手指轻轻一捋，凭手感检验渔线的粗细是否均匀，表面是否平整。然后可将渔线放入手掌，再稍稍挤压，松开手掌，检查受力后的渔线恢复情况如何，如果短时间快速恢复原样，属于质量较好的渔线，如果恢复得很慢或者根本恢复不了原样，则为劣质线。

试用

在垂钓时试用渔线是最有效的鉴别方法。垂钓中，渔线经过水的浸泡之后，可以试出其吸水性如何，好的渔线应该不吸水。渔线是否耐磨也是衡量渔线优劣的标准之一。有些线组上需要一些小配件（如漂座等），在垂钓过程中需要反复调整。这些附着在渔线上的配件，在调整时要经常上下摩擦渔线，如果渔线质量不好，很快就会起毛或分叉，影响渔线原有的拉力。另外，渔线在打结后，其强度越高，质量越好。在垂钓时，根据线组需要，应在渔线上打结扣。对于质量一般的渔线，在打结处拉力和强度都会降低，而质量好的渔线，降低的幅度有限，质量差的渔线可能会下降到不足打结前拉力值的30%。所以在试用时可以打个结，轻轻一拉检查强度如何。

现代常用渔线

6.4.3 使用方法

① 每次垂钓结束后，都应及时将沾在渔线上的水用干布擦干净，因为垂钓水域的水质成分很复杂，包括一定量的油、盐、碱、酸等多种成分。如果不将含有这些成分的水擦干，渔线因受到腐蚀强度会降低。

② 将干净的渔线轻轻地绕在绕线器上，尽量让渔线松弛，不要紧绷，因为长时间受力，会导致渔线失去原有的弹性。

③ 最好选用圆形绕线器，因为方形绕线器四边都有直角，长时间摆放，渔线弯曲点的强度会下降，而且放出来的渔线不够顺滑，影响垂钓。

④ 所有的渔线都应存放在干燥、无光、无污染的地方，以免受潮变质、老化。

⑤ 外出垂钓时，缠有渔线的绕线器不要与其他杂物放在一起挤压，以免渔线被划伤，更不能与油脂放在一起。

⑥ 如果发现渔线的颜色发生变化（褪色、变黄等）或者发脆，说明渔线已经老化或开始老化，应该及时更换，切不能贪图侥幸而留下断线跑鱼的隐患。

不同类型的渔线

渔轮上的渔线

6.4.4 代表产品

梭飞士832渔线采用8股纤维编织结构，每英寸（1英寸=2.54厘米，下同）截面具有32支的编织密度，拥有很强的耐磨性，同时又具备很高的强度。

迎科250渔线采用德国黄金密度比原丝，传导性强、柔软度高、切水快速，抗卷曲综合性能好。延展性低，可有效避免跑鱼的现象。

达亿瓦ASTRON渔线使用耐磨耗

梭飞士 832 渔线

尼龙材质，耐磨性大幅提升，在挂底等情况下可发挥效果。延展性低，无论在远投状态下或是钓鱼时的触感都能完整传达，即使遇到剪线的情况也便于回收。

迎科 250 渔线　　　　　　达亿瓦 ASTRON 渔线

6.5 浮漂

浮漂是垂钓时传递鱼咬钩信息的工具。

6.5.1 溯源明理

在钓鱼的过程中，鱼在水下，在岸上的人无法看到鱼咬钩的状态，也就无法知晓何时提竿才能中鱼。通过什么方式来传达咬钩的信息在钓鱼的过程中是十分关键的。早期人们钓鱼在不借助浮漂的情况下依靠钓竿竿尖的弯曲状态来判断鱼是否咬钩，这种方式虽然也能成功上鱼，但咬钩的信息不够直观，很容易错失提竿的时机，后来浮漂的应用恰恰能很好地帮助人们获得咬钩的信息，根据浮漂的各种反馈信息做出提竿时机的判断，能够大大提升钓鱼的乐趣。

在浮漂的发展演进历程中，早期的鹅翎七星漂和塑料桶漂开辟了浮漂应用的里程碑。塑料桶漂由于其自身的不灵敏弊端已经逐渐被孔雀翎、巴尔杉木、芦苇和新型纳米材料改良的浮漂所取代，而鹅翎材质以及现代新型纳米材质的七星漂由于传达咬钩信息的高灵敏性，现在依然被广大钓友应用于长竿短线的传统垂钓方式中。

近年来市场上还出现了一种荧光浮漂，这种浮漂内封荧光粉，夜间发光，用于夜钓。

根据浮漂的自重和浮力的不同，可分为中空浮漂和实心浮漂。中空浮漂的自重小，浮力大，反应灵敏；实心浮漂的稳定性好，但不太灵敏。根据浮漂形状的不同，还可以分为卧漂和立漂。卧漂就是常说的七星漂，钓鱼时数粒浮子散落在水面上，灵敏度高，扬竿时震动小，但不适宜风浪大时垂钓；立漂就是垂立在水中的鱼漂，常见的有棒形、锥形、圆形、陀螺形等。

水上的浮漂

6.5.2　选购要点

看浮漂材质

市面上的浮漂材质分为巴尔杉木、芦苇、孔雀羽、纳米等。巴尔杉木浮漂稳定性好，比较适合钓鱼新手使用；芦苇浮漂自重轻、浮力大、灵敏度高，比较适合用于钓滑鱼、轻口鱼等；孔雀羽浮漂出口稳而不钝，但是容易受温度和水质影响，比较适合竞技钓；纳米浮漂的稳定性和调钓都不错，适合各种鱼情。

看浮漂重量

相同体积的浮漂重量越轻，它的灵敏度也会越高。所以在选择浮漂时先用手感受一下浮漂的轻重，特别是一些好的浮漂在材料和做工方面都比较精细。一般来说轻浮漂要比重浮漂好用。

看浮漂外观

用手捏着浮漂来回感受浮漂的涂层，光滑且平顺、不粘手则说明浮漂漂身漆好，过水的阻力低。如果有比较明显的类似气泡一样的触感，或者漆身光亮但是不光滑表明质量差。用一只手捏住漂身和漂尾结合的地方，然后另一只手转动漂脚，接着将这只手沿鱼漂外表滑动，感受涂层的质量，如果没有阻挡且光滑则说明质量好；反之则说明做工粗糙。

看浮漂漂身

漂身是浮漂的浮力来源，浮漂的吃铅量基本是由漂身来决定的。所以选择浮漂最重要的一个因素就是吃铅量，钓大鱼用大漂，钓小鱼用小漂，钓深或者钓远时，也需要使用吃铅量较大的浮漂。

看浮漂重心

浮漂的重心位置会决定浮漂的基本性能，一般来说重心高的浮漂信号比较强；重心低的浮漂翻身快，相对比较稳定。重心偏高或者偏低都需要有范围限制，如果一味降低浮漂的重心，那么它的灵敏度会受限。

看浮漂是否吃水

吃水需要通过浮漂材质来判断，比如纳米浮漂本身不吃水，如果是孔雀羽和芦苇材质，因为在制作的时候是拼接而成的，所以需要看拼接处是否完整，有没有裂痕等问题。

荷塘里的浮漂

6.5.3　使用方法

① 抛竿后，浮漂依然躺在水面，没有按时竖起，或者浮漂快速移动，这一般是小鱼在中、上层接钩，也可能是中上层鱼吃饵的信号，但不一定有鱼上钩。

② 浮漂快到底时，没有按正常速度降落，没有到预定的数目停下来，都有可能是鱼在咬钩。

③ 浮漂到位稳定后，先缓缓上升，而后短促有力地下顿，这是"最标准"的信号，鱼吃钩正常，这时提竿的命中率相当高。当浮漂上升时，钓鱼者要做好准备，看见浮漂下顿的瞬间扬竿；而上升后并不顿，有一个短暂的停留，也需迅速提竿。

④ 钩子到底后，浮漂稳定在所设定的钓目，慢慢上升，但上升1~2格标线左右且突然出现短促有力的下顿信号，要及时扬竿。

⑤ 浮漂还没到位就上下跳动，这说明鱼在下层很活跃，也有可能是饵料雾化太快的缘故。这时候要根据实际信号选择钓浮还是钓底。如果饵料已经雾化，可以重新搓饵。

⑥ 浮漂到位后，突然大幅度下沉，大概率是鱼体撞线所致。稍等片刻，若又见浮漂浮起即可扬竿。

⑦ 浮漂在没到位之前出现停顿、上浮，这种情况极有可能是双鱼吃饵，就算一竿钓起两条鱼也不足为奇。

⑧ 浮漂停顿后下挫，短促有力的是有效的咬钩信息，无力而又幅度大，多是鱼体撞线和小鱼捣乱。

⑨ 被反复钓放的鱼，又称"回锅鱼"，这类鱼对饵料有一定的警戒性，哪怕出现正常的咬钩信号，也很难钓上。这就非常考验钓鱼者的经验和对浮漂的熟悉程度了。这种情况可以尝试将浮漂上捋，钓钝点；也可以放弃大信号，专抓某种特殊的小信号来进行提竿。

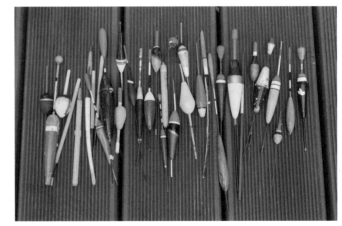

不同类型的浮漂

⑩ 浮漂到位后，缓慢上升，这大多是有效的咬钩信息，不管其上升多高，只要上升过程已停顿，即可扬竿。浮漂在停顿后如果有迅速改变方向的斜向入水信号，则可能是大鱼咬钩，应等漂尾入水后，用力提竿。

6.5.4　代表产品

阿卢LPA58浮漂是一款针对各种鱼情专门开发的综合性很强的浮漂，既可以钓轻口小鲫鱼，也可以钓休闲混养鱼，还有很强的抗风性。底部离底接口可钓大鲫鱼、鲤鱼。

阿卢LPD52浮漂是一款针对现时竞技钓大鲫鱼、用途较广的浮漂，可以适应目前的各种钓法，信号有所放大。精选优质孔雀羽毛，外壳强度高，表面平整，浮力大，灵敏度高。

达摩LC08浮漂为短身枣核形，采用碳纤维制作，韧性强，不易断裂。漂尾采用韧性、硬度强的玻璃纤维棒，进口高细腻颗粒涂料，具有逆光通透性。

阿卢 LPA58 浮漂

阿卢 LPD52 浮漂

达摩 LC08 浮漂

 **6.6 鱼饵**

鱼饵是钓鱼时装于鱼钩之上用来引诱鱼上钩的食物。

6.6.1 溯源明理

远古时期，在鱼钩还没有出现之前，人们用兽皮和动物的小肠钓鱼，它们既是钓饵，又是钩和线。后来，人们学会了利用植物的纤维搓制成线，利用兽骨磨制鱼钩，钓饵才和钩线分开，以后才算真正有了鱼饵。

无论是钓鱼比赛或平时钓鱼，鱼饵都是非常重要的一环。鱼饵可以由钓鱼者自己制作，也可以在鱼饵制造商处预先购买。

现代科技的发展，使诱鱼技术得到大大提高。结合对不同鱼类嗜食特性的研究，现代饵料对不同地区的同一种鱼类有了相当高的针对性和通用性。现代饵料大多采用膨化技术。通过膨化加工，饵料中产生了适口性很好的糖类和糊精，营养成分和有效诱鱼成分都得到加强；膨化加工使粮食中的淀粉彻底变熟，不会回生，于是饵料有了很轻的密度、柔软的状态和良好的味道。现代饵料制造商借鉴了传统饵料的加工方法，比如发酵工艺，它是传统饵料加工中一种优秀的方法。

通过发酵产生各种复杂的芳香物质，使饵料的味道变得更醇和、口味变得更芳香，诱鱼能力得到极大加强。

蚯蚓是最常见的鱼饵

常见的鱼饵——蜡虫

6.6.2 选购要点

① 根据季节选购鱼饵。春季和秋季钓鱼，应使用香腥适中的鱼饵；夏季钓鱼，以香味素饵为主；冬季钓鱼，以香味腥饵为主。这些经验主要针对的鱼类是鲫鱼和鲤鱼。

② 根据目标鱼来选配鱼饵。鱼的种类非常多，不同的鱼类喜欢吃的食物也不一样，有肉食性鱼类、素食性鱼类和杂食性鱼类。在钓鱼之前，一定要先了解目标鱼的食性，根据鱼的食性来选配鱼饵。

③ 根据钓法来选配鱼饵。不同的钓法，所使用的鱼饵往往有很大的区别。例如，路亚钓法经常用拟饵，海竿钓法往往用软黏饵和方块饵，手竿钓法则主要以面食饵料、颗粒饵和活饵为主。

④ 根据鱼情来选配鱼饵。在野钓时，应该使用天然饵料或者味型偏清淡的商品饵；在鱼塘钓鱼时，如果是钓生口鱼，应使用味型较浓的商品饵，如果是钓滑口鱼，应使用味型偏清淡的商品饵。

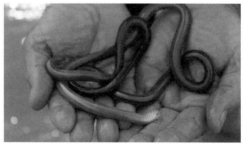

准备用作诱饵的澳大利亚海滩蠕虫

6.6.3 使用方法

商品饵料的常见用法有以下两种。

① 搓饵。将商品饵按一定饵水比混合后，静置几分钟，随后搓成合适的大小，包覆在鱼钩上，抛入水中即可。

商品饵料

② 拉饵。将商品饵料及拉丝粉，按一定饵水比混合后，静置几分钟，随后轻轻攥成团，放在拉饵盘上待用。将鱼钩放在饵团下，轻轻拖拽，即可拉出饵料，抛入水中即可。

6.6.4　代表产品

禧玛诺丸九饵料主要针对竞技池塘、养殖塘和黑坑等水域。这种饵料属于味道比较单一的腥味饵料，主要用于饵料加腥时使用，且单一的饵料往往比复合型饵料更具针对性。

名人堂MRT虾滑冷冻鱼饵选用活虾剥壳，虾饵付钩性好，即使鱼的碰撞试探也无法使饵掉落，从而减少假口，提高命中率。

DMPT黑糖膏选用天然黑糖进行古法熬制，额外添加了秘制诱鱼信息素、氨基酸和DMPT（二甲基-β-丙酸噻亭）等，增加食量，适合钓鲫鱼、鲤鱼、草鱼等淡水鱼类。

禧玛诺丸九饵料　　　　名人堂 MRT 虾滑冷冻鱼饵　　　　DMPT 黑糖膏

6.7 鱼钩

鱼钩是垂钓时用于悬挂钓饵以吸引鱼类上钩的工具。

6.7.1　溯源明理

钓鱼是早于人类文明的一项捕猎运动，因为在全球好几处出土的智人时代文物中，都有用动物骨头、鱼骨、贝壳、石器等磨制的鱼钩。到了现代，鱼钩的发展速度增快，且种类繁多，因设计不同可划分成多种钩型，其中最常见的是伊势尼钩、袖钩、伊豆钩、新关东钩、溪流钩、海夕钩，其次是丸世钩、白狐钩、千又钩、秋田狐钩、小矶钩，还有少数为特定环境或特定鱼种设计的鱼钩，例如朝天钩、鲈鱼钩、曲柄钩、三本钩、甲鱼钩等。

　　鱼钩由柄头、钩柄、钩弯、钩尖、钩门、钩底六个部分组成，每个部分都有其特定的功能。柄头又称钩轴，是指钩柄的最上端部分，它的作用是防止绑好的渔线滑脱。钩柄也叫钩把，是从柄头到钩弯处的一段，上端用于绑线。钩弯是鱼钩的弯曲部分，主要作用是能将鱼牢牢地钩住，同时可以在一定程度上减轻鱼对钩的拉力。钩尖最先作用于鱼嘴，顾名思义，处于钩的最尖端，通过刺入鱼嘴达到钓鱼目的。钩门也称钩口，是钩尖到钩柄之间的距离。钩底又名钩深，是钩弯底部到钩尖的距离。

被钩住的鱼

6.7.2　选购要点

　　选购鱼钩时主要看以下几个方面。

　　① 柄头有直扁头、侧扁头、圆头等多种形状，都要求其厚薄均匀，边缘应有一定厚度，太薄容易割断渔线。

　　② 钩柄有长有短，长钩把适合挂蚯蚓、虫饵等长形饵，多用于垂钓吞食凶猛的鱼类。钩柄长可使钓钩刺得更深，且不易跑鱼，又方便摘钩；用面饵、米饭粒

等小颗粒饵施钓，宜选用短钩柄的鱼钩。

③钩弯会因钩形不同而有差异，有圆形、方形、流线形、下斜形等，角度设计合理的钩弯能增强鱼钩的抗拉强度。

④鱼钩的钩尖必须锋利，秃钝的钩尖或虚尖是无法将鱼钩牢的。有的钩尖内侧有倒刺，倒刺的翘度不可过大，也不可过小，倒刺在钩尖的1/3处比较合适，有倒刺钩的穿刺速度不及无倒刺钩，不过一旦被刺中，鱼将很难挣脱。

不同类型的鱼钩

6.7.3　使用方法

① 选一个锋利的鱼钩。鱼钩尖部越锋利，越容易进入鱼的嘴里，几乎所有的鱼钩都有倒钩。鱼咬食时，如果鱼嘴没有没过倒钩，则很容易逃脱。

② 让鱼咬钩更牢固些。初学者最容易犯的错误就是：微微感觉到渔线在动，就急于收线，鱼感觉到压力和威胁，就会吐出诱饵和鱼钩。所以，必须猛然提竿，渔线不能松，使鱼钩直入鱼嘴内。

③ 拉直渔线。已经咬钩的鱼会拼命挣扎，以求脱身，所以必须拉直渔线。

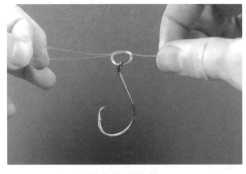

给鱼钩系渔线

鲑鱼蝇钩

6.7.4　代表产品

渔之源竞技狼牙鱼钩采用钛合金材质，高硬度、耐磨损。无倒刺钩尖，钩身采用平打工艺制作，拉力更强劲。钩条更细，主攻鱼塘滑鱼。

美人鱼伊势尼鱼钩钩条粗、钩柄短、钩门宽、钩尖内翻，适合大型鱼类。鱼钩大小的变化可依据鱼的开口做适当的调整。

迎科鱼钩采用高碳钢材质，钩条细，钩柄长，钩门适中，钩尖直而短、重量轻，中鱼穿刺力强，可快速卸鱼，刺鱼迅速且灵敏度高。

渔之源竞技狼牙鱼钩

美人鱼伊势尼鱼钩

迎科鱼钩

第 7 章
骑行用品

　　骑行是一种健康自然的运动旅游方式，能充分享受旅行过程之美。同时户外骑行也是一项极耗体力的运动，因此带足必需装备，可以更好地保障身体安全，增加骑行里程。

7.1 山地自行车

山地自行车项目是自行车项目中的一个小项目。比赛时所有运动员从起点线集体出发，以运动员到达终点的顺序排列名次。比赛线路多以山地丛林居多。

7.1.1 溯源明理

山地自行车起源于1977年，由美国加利福尼亚大学的学生斯科特将普通自行车改装而成，是在摩托车比赛的越野场地上驾驶自行车进行花样比赛而派生发展起来的车型。以后逐渐形成一种运动形式，在欧洲和美国流行开来。山地自行车的名称来源于1979年成立的以"瑞奇山地自行车"冠名的公司。

山地自行车又分专业和休闲两大类。对于山地自行车爱好者来说，山地自行车又分为越野山地自行车、全山地自行车、自由山地自行车以及降速山地自行车。不同种类的自行车都有其不同的特点，虽然对用车环境有很多区分，但是很多时候骑一辆车走完全程的概率更高。

山地自行车的主要特征是：宽胎，直把，有前后的减震，骑行较舒适。宽而多齿的轮胎提供抓地力，有减震器吸收冲击。近年来前减震的应用成为标准，前后减震的车辆越来越普及。近年来一些山地车开始使用副把，安装在直把两端，不过也有部分人在山地自行车直把中间安装副把。副把的设计，一是使得骑行中有了更多的姿势、体位角度，二是在爬坡时更加便于拽车发力，三是在意外摔车时起到一定的保护作用。

山地车自行车具有刚度大、行走灵活等特点，骑行时不必选择道路，无论街巷漫游还是休闲代步都获得了广泛的好评，骑行者可以在各种路面环境上尽情地享受舒适的骑行乐趣。

骑行者在山地上骑行

7.1.2　选购要点

选购山地自行车时，需要注意以下几个细节。

车架

目前山地自行车的车架材质，依价格从低到高基本是高碳钢、铝合金、碳纤维、钛合金。在选择车架时一定要考虑自己的经济条件，选择适合自己的经济实力与竞赛要求的装备才是最好的。除了价格外，车架的尺寸也是选择时必须要慎重考虑的，因为一旦车架确定，这辆车的大小和高矮也就基本确定了。合适的车架应该是骑车人跨裆至上管间有10厘米左右的距离。

前叉

前叉与车架一样，也有从高碳钢到钛合金各种材质，除此之外，还有弹簧减震（这类减震在低端车中常见）、油压减震和气压减震。在这些前叉中，常见的减震方式是弹簧减震和油压减震。行程（指减震器或减震叉因为减震而移动的距离）的大小一般是40～120毫米，可根据不同的需求进行选择，使山地车无论在何种复杂的地面条件下都能安全通过。

轮胎

轮胎的品质决定了骑行时车辆的抓地力和轮胎的耐磨性。有些品牌的原装轮胎质量也是非常不错的。轮胎的材质、胎纹和胎粒的排列方式、形状及深浅决定了轮胎的性能，在不同的路面应选择不同的轮胎。

变速系统

自行车变速器是由指拨器、牙盘和飞轮组成的综合体。指拨器的精准与否决定了骑行时是否可以随心所欲地更换挡位，获得更好的骑行体验。指拨前后的调速范围应该与牙盘、飞轮的齿轮数相对应。自行车的牙盘和飞轮的齿轮盘数组合不仅决定了可切换的挡位数，还决定了骑行轻松与否。一般前大后小的组合是高速，但比较费力；相反则是低速，骑得轻松，但速度慢。骑行者可以根据自己的需要来选择。

制动系统

制动系统的档次决定了车辆在骑行中的安全性。目前山地自行车主要采用的刹车方式有碟刹和V刹两种。V刹的优点是轻、手感好、好维修；缺点是对使用环境有要求，雨天基本刹车效果为零，毁轮圈。碟刹制动系统主要分为两种，一种是机械碟刹，另一种是油压碟刹。山地自行车使用比较多的是油压碟刹，因为它的手感更好，性能也更加优越。

涂装与价格

价格低廉与外观俏丽往往会使人将自行车好骑与否置之度外。这不仅不合算，同时还可能使骑车的乐趣大减。

售后服务

由于自行车属于消耗性商品，很多零部件都需要定期保养，因此，应该购买售后服务完善及零配件齐全、信誉良好的山地自行车品牌产品。

山地自行车侧下方视角

7.1.3　使用方法

下面以山地自行车过乱石区为例介绍其使用方法。

① 随时做好改变路线的准备，注意前轮方向的路况，这样可以避免前轮被撇到一边，假如突然被弹出并离开原来的路线，要把视线保持在原先规划的路线上，尽可能平顺地踩踏，以便可以随时弹回原来规划的路线。

② 在低速度骑行时，路面和悬挂系统所造成的上下震动会消耗许多动能，如果以类似走路的速度碰击到大石头上，会导致无法前进而停止，所以一定要保持一定的速度，稳定上半身。

③ 前轮被乱石卡住而不能动时，试着持续踩踏踏板，通常由于惯性车子会往后退一些，这样可以有机会选择旁边的路径继续骑下去。

④ 提高一个挡位踩踏踏板，这样当遇到阻碍时，可以避免后轮打滑。

⑤ 提早选择一条好的路线，碰击石块时，尽量保持车轮与之垂直。

⑥ 如果在下坡路段要通过乱石区，应尽可能避免使用刹车，最好的方法是，以滑行的方式通过整个区域。

⑦ 如果必须使用刹车，前后刹车需同时使用，而且要在面对的是小石头和操控相对稳定的情况下使用，当遇到较大石头或驶出规划路线时，则必须放开刹车。

骑行小队在山地中骑行

行驶中的山地自行车

7.1.4 代表产品

土拨鼠XCH TEAM CARBON山地自行车采用气压前叉，可以通过气压来调整每个人适合的软硬度及手感，拥有强回弹力，避震效果好，调节的范围很广，基本适合不同体重要求的人群需要。

土拨鼠 XCH TEAM CARBON 山地自行车

格莱士XC90山地自行车采用碳纤维轻量车架，比铝合金车架更轻，硬度更高。内走线、无膜亮光贴标设计，整体更简洁。镁合金腿气压线控锁死减震前叉，带刻度铝合金内管，更轻更强，骑行时减震更舒适细腻。

FRW M8山地自行车应用更轻的航空材质，车身主体结构造型减重，车架造型流畅简洁，提升舒适度。采用全新内走线流线设计，使整车兼具刚性、品质、性能和"颜值"。防滑耐磨越野轮胎，在干燥路面上抓地力强，防刺穿能力大大加强。

格莱士 XC90 山地自行车

FRW M8 山地自行车

7.2 折叠自行车

折叠自行车属于自行车的一个分类。一般折叠自行车由车架折叠关节和立管折叠关节构成。

7.2.1　溯源明理

最早关于折叠自行车的记录是在19世纪80年代。美国人埃米顿·G.拉塔在1887年9月16日向美国提出专利申请，并在1888年2月21日获得许可。专利申请书中的一段写道："这个发明的目标，是为了提供一个比现有车种更安全、更坚固、更有效、更好操控的自行车；以折叠机置这个概念进行创作，不使用时可以折叠以节省存放空间，利于携行。"后来在美国自行车发展初期时，拉塔将专利卖给普柏制造厂，同时普柏制造厂也在美国买下其他数十项相关专利，包含1866年皮埃尔·拉勒曼在美国申请专利的第一辆配置踏板的自行车。普柏制造厂以Columbia（哥伦比亚）为品牌营销其自行车，不过由于拉塔折叠车至今没有任何样品存在，究竟有没有真正生产和销售不得而知。

折叠自行车真正流行起来是在20世纪70年代。来自各国的数十家工厂竞相大量生产折叠自行车，其中最有名的莫过于在英国及新西兰制造、受到热烈欢迎的莱礼20自行车。莱礼20自行车早在1971年便开始出现，一直生产到1984年。这款自行车的历史地位极高，生产数量非常大。

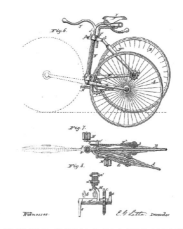

20世纪80年代后期，折叠自行车的市场及其发展相对趋缓，但近年来由于欧洲、亚洲和美国各大城市大众运输系统转乘的接驳需求，折叠自行车所扮演的重要角色又让它开始活络了起来。目前世界上生产折叠自行车公司的总数超过100家，而且数量还在增加之中。

拉塔折叠自行车专利申请文的示意图

7.2.2　选购要点

看轮圈尺寸

折叠自行车的主流产品规格主要有16英寸和20英寸（其他还有12英寸、14英寸、18英寸），一般来讲，16英寸及以下尺寸的产品折叠后体积更小，利于收藏运输，比较适合短距离骑行。如果经常要骑远路，则要考虑20英寸的产品，不仅骑乘舒适性更高，速度也更快。当然，若进行长距离骑行最好选用带变速器的产品。一般14英寸的折叠车折叠起来为77～88厘米，使人们在城市中乘坐轨道交通出行时便于携带。

看车架材料

车架材质主要有铝合金质和钢质，少数使用镁合金，更有极少数高档产品使用碳纤维材料。选车时最好骑车试试，不仅可以感觉车架强度，而且可以测试整车的人体力学设计是否合理，好的设计可以保证骑行姿势伸展，即使长距离骑行也不易疲劳。

骑行者将自行车进行折叠

折叠自行车侧方视角

7.2.3　使用方法

① 首先，折叠顺序基本遵循从上到下，从头到尾。

② 松开坐管扣，放下坐管，调整坐垫，鼻头稍往左边转一下。

③ 按下折叠脚踏，调整方向，左边在前，右边在后。

④ 松开车把扣，将刹车把直立。

⑤ 松开竖管扣，调整到理想高度。

折叠自行车的两种状态

可把竖管的小圆点设为参考点，方便之后按照记忆调整高度。

⑥ 打开头管扣，折下车把，放置在吸铁下方。

⑦ 打开车架扣，双手把车合拢。

⑧ 对准吸铁贴紧，如果要推行，把坐管拉到最长即可。

7.2.4　代表产品

萨瓦超轻碳纤维折叠自行车遵循简约的美学设计，采用一体成型车架，隐藏式可锁折叠盒，三步快速折叠，合理利用空间，安装方便，易携带，更美观、更安全。

小布PikesBro折叠自行车整车质量约为13千克，三段可折叠车架，一步折叠，可轻松放入汽车后备厢。该车采用六速变速系统，轻松应对各种坡度，平路加速快，爬坡更省力。

太平洋CARRYME折叠自行车采用可伸缩调整的座管及车手立管设计，"无关节主车架"，即车身不设置折叠关节，使整车在不影响折叠性和外观的基础上更加稳固。动式前管束车身除了提供稳固的折叠关节系统外，更让折叠后的自行车拥有不可思议的小尺寸。

萨瓦超轻碳纤维折叠自行车　　小布 PikesBro 折叠自行车　　太平洋 CARRYME 折叠自行车

7.3 骑行服

骑行服是指骑行自行车或者摩托车时穿着的专业运动服。

7.3.1 溯源明理

最原始的自行车骑行服被设计成"骑士"的服装：大礼帽、开衩的燕尾服等服饰并且骑行者手执长鞭。燕尾服在当时是上流社会的礼服，骑行者所穿着的燕尾服前身短，后身长，后襟下摆有斜倾的开衩，开衩原是为了方便骑士上下马，服装的这种功能被引用到自行车的骑行上，穿上这种骑行服，人显得气度非凡，风度翩翩。这种装束一般为男性骑行穿着，女性在那个时期由于传统观念的束缚是不被允许进行骑车运动的。直到1896年，才出现针对女性的自行车骑行服。

20世纪末，骑行服各大品牌汇集，而很多人基本不懂得什么是骑行服，基本上没有任何骑车服装的概念。但这个时期，一些自行车车队开始发展起来，车店也陆续开张，骑行服便进入大家的视野。

现代自行车骑行服以舒适骑行为主要目的，一般自行车骑行服是紧身设计的，裤子上设计有专业的硅胶坐垫，可以使骑行更舒适。

夏季自行车骑行服

7.3.2　选购要点

看版型

骑行服的版型非常关键。选择骑行服时，一定要选择专业的产品。专业的骑行服在版型方面都有相当的研究，分得非常细致。

看面料

骑行服面料的特点是功能性、保护性、贴身性和舒适性，改良后的涤纶纤维不但强度高，弹性、延伸性、耐磨性好，结实耐用，而且利用毛细管作用，具有良好的透气性和排汗性，可以将大量汗液迅速排出，保持体表干燥。

看细节

缝制平直匀称，顺滑，没有粗糙的线头，这是品质的象征。专业高端品牌的骑行服没有接线、断线和跳针。

身穿骑行服的骑行者们

7.3.3　使用方法

①　秋冬季气温比较低，人体热量消耗大，应首先考虑防风、透气、保暖这三个原则。当温度在5～15摄氏度时，可选择上身骑行内衣＋长袖抓绒骑行服，下身抓绒骑行裤或防风骑行裤的搭配。因为温度不太低时，骑行过程中热消耗不是很大。

②　当温度在－5～5摄氏度时，选择上身骑行内衣或速干内衣＋维格米抓绒骑

行服＋防风衣的搭配，上身直接穿一件冬季复合骑行服也可以，下身穿长厚防风骑行裤，或骑行内裤+防风保暖裤。

③ 当温度在－5摄氏度以下时，速干内衣＋维格米抓绒骑行服＋冲锋衣的搭配可针对短途骑行使用。在冬季，复合骑行服内加骑行内衣也可以，下身可考虑保暖内衣＋厚防风骑行裤的搭配。

春秋季自行车骑行服

7.3.4　代表产品

诺诗登自行车骑行服选用符合人体结构的经典版型剪裁，采用三梳热绒亲肤弹力面料，柔软、透气、散热，可以在享受运动激情的同时，把热量与汗水加速排出体外，从而保暖不燥热，身体保持舒爽；拉链挡片的人性化工艺处理，增加骑行服的整体舒适感。

诺诗登自行车骑行服

闪电蝎子骑行服精选锦纶面料，在较热的环境里可以快速排汗散热，冰凉降温。精致金属拉链，顺畅贴合，防卡爆齿。腋窝下采用网布拼接，可加速透气，舒适干爽。

纽凯利MG021自行车骑行服自然贴合身体曲线的立体裁剪，抛开束缚，运动自如。海绵坐垫使用3D贴合技术，具有强大的隔热性，立体导气槽，多方向空气流通，舒适干爽。腋下部位采用波浪网面料，透气舒适，骑行干爽。

闪电蝎子骑行服

纽凯利 MG021 自行车骑行服

7.4 骑行头盔

骑行头盔是骑行运动中最坚实的安全保护屏障。

7.4.1 溯源明理

自行车是我们日常生活中常见的代步和休闲工具，尤其在自行车运动成为一项竞技体育项目之后，人们对自行车更是喜爱有加。作为一项以速度决胜的运动项目，安全成为一个重要的问题。于是，人们想到了头盔。自行车头盔的出现不仅保障了骑车人的安全，而且提高了赛车运动员的成绩。早在19世纪80年代，一群骑高轮车的人最早发现使用头盔的好处，后来，随着硬柏油路和石路的增多，骑自行车时头部受伤的事故也增多，木髓制的头盔便应运而生。

木髓是一种能够吸收撞击力的缓冲材料，但这种头盔不久就让位于一种可填充的皮革面的头盔，这种头盔一直持续到20世纪70年代。这种头盔最初被称为"发网"，因为它有一条条的有填充物的长皮套，像个网套在头上。这种头盔非常诱人，其中有柔软优质的皮革包裹着的泡沫填充物。虽然这种头盔确实能保护摔倒的骑车人的耳朵不被地面搓伤或碰伤，但很遗憾的是，它的防撞击性能较差。

戴骑行头盔的自行车爱好者

从骑行头盔出现以来，其形状发生过许多变化。圆形的头盔早已过时，头盔沿边变得较小，而且通气孔也有了很大的变化，真正起到了凉爽透气的作用，而且也符合空气动力学原理。

7.4.2 选购要点

首先，在选购骑行头盔时，一定要检查选中的头盔是否符合国家检测标准。

其次，为了在事故中减轻伤害，骑行头盔均配有安全束带，并且束带能使头盔和头部更加贴合。

最后，确定选定的骑行头盔是否佩戴舒适。在选购骑行头盔时要注意，无论怎样精准地测量出尺寸大小，都不如亲自试戴的效果好。

骑行头盔侧方视角

7.4.3　使用方法

① 打开束带。
② 将头盔水平放于头上，缓慢收紧束带直到感觉舒适。
③ 调整束带，置于耳朵下方。
④ 束带调整好之后，拉紧束带，紧贴下巴。

当完成上述操作后，确保头盔移动的幅度不超过2.54厘米，同时保证未松开束带前头盔不会掉下来。

骑行头盔特写

不同颜色的骑行头盔

7.4.4　代表产品

捷安特WT059骑行头盔采用一体成型工艺，相比传统贴合帽体结构，可更加有效地分散冲击力。该头盔结构稳固，PC（聚碳酸酯）外壳搭配EPS主体，兼具轻量、坚固、美观三大优点。采用多通风孔设计，优化引导气流进入内部，快速带走骑行时产生的热气。

捷安特G1207骑行头盔专为亚洲人设计。西方人典型头型偏椭圆形，宽度窄，长度较长。亚洲人典型头型偏圆形，宽度相对较宽。将亚洲人头型放入以西方人头型为基础设计的头盔中，会导致骑行者产生不舒服的压力点，并对骑行者造成不适。

洛克兄弟TT-16-CP骑行头盔配有可拆卸的帽檐，不想戴风镜时，还可以换帽檐。磁吸镜片能有效过滤强光，防止骑行刺眼，磁铁吸附安装，遇到猛烈撞击时会自动脱落保护眼睛。

捷安特 WT059 骑行头盔

捷安特 G1207 骑行头盔

洛克兄弟 TT-16-CP 骑行头盔

7.5 骑行眼镜

骑行眼镜是一种专门供骑行者佩戴的眼镜，它除了具备一般运动眼镜共有的作用外，还具有阻挡紫外线照射的作用。

7.5.1 溯源明理

作为骑行运动中的重要装备，骑行眼镜也和骑行头盔一样，成为越来越多的骑行者的必备品。到了夏天，骑行眼镜的重要性更加凸显，然而骑行眼镜并不是夏天的专属。天晴的日子里，马路反射阳光会让眼睛接收更多的紫外线反射；大风的天气，一不小心就会有异物或沙尘吹进眼睛，不仅伤害眼睛，还容易造成危险；下雪天，白雪反射光线可能会让骑行者患上"雪盲症"。所以无论是在哪种情况下，骑行过程中都需要一副骑行眼镜，它能极大地帮助保护眼睛，减少对眼睛的伤害，从而提高骑行中的舒适性和安全性。

很多人都觉得骑车时戴太阳镜就可以了，但实际上，骑行眼镜和太阳镜有天壤之别，原因如下。

佩戴骑行眼镜的专业运动员

① 太阳镜的设计不适合运动，会导致骑行中的镜架下滑甚至掉落。

② 太阳镜镜片普遍没有防雾化功能，在冷热天气中都容易造成镜片模糊，从而引起危险。

③ 普通太阳镜相比骑行眼镜来说，没有防风、防止异物入眼的功能。

7.5.2　选购要点

佩戴的舒适性

选择骑行眼镜首先要考虑舒适性。这与眼镜的质地、大小、质量都是相关的，舒适度高的骑行眼镜可以更全面地对眼睛进行包覆，能防止外界光线干扰视线。而专业的骑行眼镜，一般在鼻托部分会使用防滑材料，确保在剧烈运动中保持稳定性。另外，近几年的骑行眼镜设计多数会额外增加通风口，减少镜片雾化，增加使用时的舒适度。

镜片颜色

选择骑行眼镜时，需要考虑镜片对于有害光线的过滤和防紫外线的功能，而不同的镜片对不同光线的吸收与过滤效果是不同的。因此，选择骑行眼镜时也需要考虑自己平时的骑行环境，针对不同的环境做出不同的选择。

镜片材质

骑行眼镜的材质必须有柔韧性，抗压力，抗撞击，这样在骑行过程中如果摔倒，不会因为眼镜破碎而伤到眼睛。一般来说，树脂材质的镜片具有很好的弹性和强度，质地轻盈，佩戴感觉非常舒适；而玻璃类的镜片在骑行眼镜的制造中是绝对禁止的。

骑行眼镜还需要有很好的防紫外线作用，才能起到很好的保护作用，镜片需要能过滤一些对眼睛有伤害的杂光。判断镜片好坏的方法是将其在眼前晃动，如果物体和镜片一起动，则说明镜面不平，不是好镜片。

镜框设计

镜框要柔软，有弹性，耐撞击，运动时可以安全地保护脸部不受到损伤。镜框的贴面设计可使眼睛紧贴镜框边缘，防止快速运动中强风对眼睛的刺激。

看吊牌

在购买骑行眼镜

骑行眼镜侧方视角

时，一定要留意眼镜上的吊牌。吊牌上除了有眼镜的出产地外，还隐藏了许多有用信息，比如选购的眼镜究竟是太阳镜还是浅色镜，是树脂镜片还是偏光镜片，以及抗紫外线指数等信息。

7.5.3 使用方法

骑行眼镜搭配近视内框

这种搭配近视骑行眼镜的弧面镜片与一般骑行眼镜没有什么不同，只是在骑行眼镜的内侧加装一组近视镜片内框，车友只要依照自己的眼镜度数去配镜片即可。内挂式近视镜框的价位居中，佩戴也方便。不过由于骑行眼镜本来就服帖脸型，再加挂近视框后，镜片距眼睛很近，流汗时镜片很快就会模糊；会有视差的问题，所以配置方式和一般光学镜片不同，配镜店家的专业度也就更加重要；内挂近视镜片，就好像两副镜片相加，质量比较重，长时间佩戴下来容易疲倦。镜片越厚，离眼球就越近，上述的不适症状也会越明显。

骑行眼镜搭配光学镜片

光学镜片镶嵌在骑行眼镜镜片上，可以克服近视的困扰。专用的运动光学镜片，其弯度和安全性能与骑行眼镜相契合，拥有风镜镜片的包覆性，对于不习惯戴隐形眼镜的车友而言，佩戴光学镜片的骑行眼镜会是比较适应、舒服的方法，但价格相对昂贵不少，同时也有近视度数的限制。

骑行眼镜正面视角

运动员正在佩戴骑行眼镜

7.5.4 代表产品

洛克兄弟SP22骑行眼镜采用高清偏光炫彩镀膜镜片，能有效减少视野眩光，提高对比度，恢复视觉清晰。透明变色款眼镜能根据紫外线强弱自动调节变色程度，从容面对多变的天气环境。舒适的夹持力可有效减少头部压力，TR

洛克兄弟 SP22 骑行眼镜

超轻材质韧性镜腿适合大多数人的脸型。

　　欧宝来骑行眼镜采用高清炫彩镜片，可有效吸收强光下的反射光，适合在太阳光下佩戴。黄色夜骑镜片可有效提升视觉高度，提升夜行安全，适合在夜间或阴暗环境下佩戴。透明防护镜片可防止雨水或颗粒物对眼睛的冲击，适合在雨天或能见度低时佩戴。

　　迪卡侬XC RACE骑行眼镜根据亚洲人脸型设计，弧度舒适自然。采用加宽加高镜片，视野更开阔清晰。镜片能随紫外线强度自动改变颜色深度，符合ISO 12312 1标准。鼻托与镜腿均采用防滑材质，佩戴贴合、稳定。

欧宝来骑行眼镜　　　　　　　　　迪卡侬 XC RACE 骑行眼镜

7.6 骑行包

　　骑行包是一种在骑自行车过程中方便实用的装备。

7.6.1　溯源明理

　　自行车骑行是近几年来颇受欢迎的一项体育运动。但在骑行过程中需要准备各种各样的物资，遇上长途旅程，甚至还要准备帐篷之类的物品。这些物品都需要装在骑行包中。骑行包有背带式，也有固定车身式。背带式就是常见的骑行背包，骑行背包的优点是无需在车上加装任何装置，不影响自行车的外观及重量。固定车身式包括车首包、驮包、后顶包、座管包、车架三角包等，这类骑行包安装稳固，可合理规划骑行用品。

　　骑行包中最实用和常用的当属车首包（也称车把包）。车首包安装于车把前方，位置优越，可方便快捷地从中取放物件。如证件、钱包、相机、手机等贵重物件，零食、太阳眼镜、防晒霜等常用物品都适合放在车首包里。虽然车首包的稳固程度和承重能力受到了一些长途骑行者的质疑，但高品质的专业品牌车首包都能经受长时间和高负荷的使用。

车首包由包袋和固定座两部分组成。以往的车首包由两根皮带直接捆到车把上，这样使车首包与车把之间没有了空间，进而压到刹车和变速线管，而且因太贴近车架，会发生相互磕碰的现象，所以现在设计合理的车首包的固定座都有一定的距离。车首包容量多为5~10L不等，也有3L左右的。防雨

车首包正面视角

是车首包的基本功能，目前有两种方式能达到此效果，一种是自身材料和结构能抵御风雨，另一种是通过外加防雨罩。

除了车首包外，还有一种专门为骑行旅途装载行李而设计的、挂放在货架上的骑行包，称为驮包。根据挂放位置不同来分，可分为前驮包和后驮包。前驮包通常容量会小一点，为20~30L，挂放在前叉外侧的前货架上，而后驮包通常有40~50L的容量。

后顶包是固定在后货架上面的小包，适合1~2天的短途旅行，可携带一些常用的物件及简易修理工具。还有一种后顶包是横放在后货架上的大容量行李袋，适合放置帐篷、防潮垫等尺寸较大的装备。

座管包是挂于车座后侧底部的小型包袋，设计实用，可存放一些简易的修车工具和备用内胎。长途旅行中每到达一个目的地，放下行李后，骑车游历附近的名胜古迹时可只带座管包。

车架三角包是固定在自行车车架前三角位置上的小包，通常放置一些维修小工具、备胎等，优点是能节省空间，但是对车架尺寸有要求，尺寸越大的车架，能安装越大的三角包。因为小车架的前三角空间本来就窄小，容不下大的三角包，否则就会影响水壶的取放。

自行车上的车架三角包

7.6.2　选购要点

骑行过程中，可根据不同需要选择背带式骑行包和固定车身式骑行包。

背带式骑行包需要有舒适的背负结构，良好的排汗透气功能，结实的面料，可靠的拉链和扣件结构，此外防水、各种附件、荧光反射等功能也是选择的一个参考标准。

选择固定车身式骑行包需要考虑：

① 骑行包需有框架，包形挺括，确保装东西后不会变形；

② 固定座材质坚固耐用，能稳固地安装到车身之上；

③ 有足够的承重能力，能承受长时间颠簸骑行；

④ 附可拆卸的单肩带，方便停车时取卸；

⑤ 除主包之外，前侧和左右两侧设有实用的储物空间，方便分类放置不同的物件。

一般骑行包采用PU涂层尼龙面料，具有防水、抗干结、耐磨、防撕裂等功效。一个背包耐用与否，面料是主要决定因素。

骑行包通常由主袋、侧包、附袋等构成。骑行包都会做得比较小，一般不超过30升，普遍是10升、14升、18升、20升、25升等。所以通过骑行包各部分的设计，可以更好地分配物件，合理利用容量，当然更重要的是方便拿取。

骑行者在车首包内拿取物品

7.6.3　使用方法

使用骑行包时需要注意以下几点。

① 在每次骑行前都要调节好骑行包的挂放位置，检查骑行包的框架是否稳固和固定座的螺钉有否松动。

② 不要超负荷使用骑行包，否则极易损坏及超出产品保固范围。

③ 放置相机、摄像机等贵重电子产品时，建议使用防震内胆，并填充满内部空间，将器材间因路面颠簸而相互磕碰的概率减到最低。

装备骑行包的自行车

④ 发生摔车、碰撞等意外后，要仔细检查骑行包的损坏情况，进行及时修补或更换。

⑤ 如果骑行包附有单肩带的话，请在骑行前先将其拆下，避免肩带卷入车轮。

7.6.4　代表产品

洛克兄弟车首包具有全防水性能，不惧雨水，可保护包内物品，熔接工艺替换传统拼接，提高车首包的防水性能。配件包可搭配车首包使用，分类放置日常物品，增大容量。另外配备织带，可做腰包使用。

洛克兄弟车首包

小布412车首包内的书包架可拆卸，有防水功能。采用卷边设计，能够提供更大的储物空间。背面书包架可在拆卸后作为手提式背包，更具休闲风范。

多特雷神骑行背包适合热情洋溢的骑行者，背包轻量，背负舒适。背包加速了骑行中的空气循环，让骑行者在骑行的过程中自由发挥；在短期的骑行过程中持续不断地提供骑行乐趣。

小布 412 车首包

多特雷神骑行背包

7.7 码表

码表是用于计算里程及速度的电子产品，也是骑行中重要的装备之一。码表主要用于测量自行车的实时速度、平均速度、行驶里程、骑行时长等，有的码表还有指南针、温度计功能。

7.7.1 溯源明理

掌握即时骑行状态最直接的方法就是在车上装一个码表，看一眼就直截了当地知道当前的速度、里程、海拔、坡度等信息。码表分有线、无线两种表现形式，无线码表又有有GPS功能和无GPS功能之分。

自行车上装备的无线码表

有线码表可显示单里程、总里程、最大速度、平均速度等即时信息，能够满足日常使用。其工作原理是通过安装在辐条上的感应磁铁和前叉上的感应器，测得磁铁两次通过感应器的时间，即车轮旋转一周需要的时间。然后通过预设的轮径，计算自行车的行驶速度。有线码表通常由一块纽扣电池供电。

无线码表需要感应磁铁，把有线感应器换成无线感应器，功能上与有线码表差不多，但是少了冗长的线之后，整个自行车非常简洁。感应器与表头一共由2块纽扣电池供电，但会受到外界的干扰导致异常数值。

有GPS功能的无线码表内置很多传感器，能实时显示距离、速度、海拔、温度、心率、踏频等骑行数据，可连接手机蓝牙或无线网络来同步数据。

7.7.2 选购要点

选择需要的显示参数

一款自行车码表起码应该能准确显示速度、里程和时间这三组参数。单块表头可以通过GPS获得这些数据并呈现在屏幕上，而加装了蓝牙连接的无线码

码表上的显示数据

表，则能通过速度感应器、踏频感应器和心率带等外置设备，测量得到更准确的数值。骑行者可根据自身需求选择需要的功能。

选择合适的品牌价位

不要太过于纠结品牌和繁杂的功能，性价比才是第一位的。对于方向感不强的骑行者，建议购买带有导航和地图功能的码表。

选择喜欢的操作方式

自行车码表一般有触摸屏和按键式两种，可以根据自己的操作习惯进行选择。在购买前看清楚是全触屏、双键、三键还是四键。按键越少，必然使用起来越简单，但其反应速度、屏幕触感都不是智能手机可以比拟的；相反，按键虽然一按就有效，却常常出现太硬按不下去、单手操作容易旋转表头使其从码表架上掉落的情况。而一旦高速行进时码表掉了，恐怕会得不偿失。

7.7.3　使用方法

码表的自动显示功能

按动功能按钮（码表下方大按钮），直至出现"AUTO"字样，此时码表自动显示骑行距离、时间、总里程和时钟，间隔时间为1秒。

码表的手动显示功能

按动功能按钮，出现"KM"字样，表示此时显示的是旅行距离；按动功能按钮，出现闹钟图案，表示此时显示的是旅行时间，精确显示到秒；按动功能按钮，出现"2"字样，表示此时显示的是从装上码表开始的累计骑行距离。

码表的清零功能

按住功能按钮不小于3秒，此时码表上的数字闪烁，继续按住不动直到清零，清零不影响累计骑行距离。

码表的设定功能

这项功能非常关键。主要是输入车轮周长、调校时钟、改变速度单位、开启自动显示功能等。按住码表背面的设置按钮3秒，出现"SET"字样，即进入设置界面，此时下面显示的四位数字为车轮周长，若按动功能按钮，将进入下一个功

自行车码表上方视角

骑行者对码表进行设置

能的设置界面。按动设置键3秒，即可恢复到使用状态。

7.7.4 代表产品

迈金C206 Pro自行车码表是一款支持连接ANT+或蓝牙传感器的带GPS功能的无线码表，共有9类29项可选数据项，25项码表设置，同时还支持计圈功能，能提供便捷的训练辅助和骑行路线标记。

奥塞奇R5码表采用2英寸中文显示的屏幕，通过背光能清楚地看清速度、里程、骑行时间、当前时间。无需频繁切换，按下任意按键，绿光显示4秒，随时掌握骑行动态。

黑鸟BB10自行车码表开机即用，无需设置。内置高精度GPS芯片、气压计、温度传感器，精确显示坡度、海拔、速度、里程、温度等骑行信息。

迈金 C206 Pro 自行车码表

奥塞奇 R5 码表

黑鸟 BB10 自行车码表

参考文献

[1] 探险之旅编委会. 户外天堂——环球100 [M]. 北京：北京出版社，2020.

[2] 董范，游茂林. 户外运动史[M]. 北京：中国地质大学出版社，2020.

[3] 胡炬波. 户外运动与拓展训练[M]. 杭州：浙江大学出版社，2017.

[4] 世界品牌研究课题组. 户外运动装备推荐及选购指南[M]. 北京：北京工业大学出版社，2014.